바다의 문들

상처입은 세계와 하느님의 구원

Doors of the Sea

바다의 문들

상처입은 세계와 하느님의 구원

데이비드 벤틀리 하트 지음 · 차보람 옮김

비아
VIA

| 차례 |

들어가며   / 9

1. 세계의 조화   / 13

2. 하느님의 승리   / 69

부록

1. 의문의 미진   / 145

2. 하느님은 어디에 계셨는가?   / 151

해설: 데이비드 벤틀리 하트가 그리는 오래된 미래   / 165

일러두기

· 역자 주석의 경우 *표시를 해 두었습니다.
· 성서 표기와 인용은 원칙적으로 『공동번역개정판』(1999)을 따르되 원문
  과 지나치게 차이가 날 경우에는 대한성서공회판 『새번역』(2001)을 따
  랐으며 한국어 성서가 모두 원문과 차이가 날 경우에는 옮긴이가 임의로
  옮겼음을 밝힙니다.
· 단행본 서적의 경우 『 』표기를, 논문이나 글의 경우 「 」, 음악 작품이나
  미술 작품의 경우 《 》표기를 사용했습니다.
· 교부 시대의 인명과 지명은 한국교부학연구회, 『교부학 인명·지명 용례
  집』(분도출판사, 2008)을 따랐으며, 교부들의 저서명은 한국교부학연구
  회, 『교부 문헌 용례집』(수원가톨릭대학교출판부, 2014)을 따랐습니다.

바다가 모태에서 터져 나올 때 그 누가 문을 닫아 바다를 가두었느냐? 바다를 구름으로 싸고 먹구름으로 묶어 둔 것은 바로 나였다. 바다가 넘지 못하도록 금 그어놓고 문에 빗장을 내려놓은 것은 바로 나였다. 그리고 나는 명령을 내렸다. "여기까지는 와도 좋지만, 더는 넘어오지 마라. 너의 도도한 물결은 여기에서 멈춰야 한다."

(욥기 38:8~11)

그 때 나는 옥좌로부터 울려 나오는 큰 음성을 들었습니다. "이제 하느님의 집은 사람들이 사는 곳에 있다. 하느님은 사람들과 함께 계시고 사람들은 하느님의 백성이 될 것이다. 하느님께서는 친히 그들과 함께 계시고 그들의 하느님께서 되셔서 그들의 눈에서 모든 눈물을 씻어 주실 것이다. 이제는 죽음이 없고 슬픔도 울부짖음도 고통도 없을 것이다. 이전 것들이 다 사라져버렸기 때문이다." 그때 옥좌에 앉으신 분이 말씀하셨다. "보아라, 내가 모든 것을 새롭게 만든다."

(묵시 21:3~5)

들어가며

이 책은 『월스트리트 저널』The Wall Street Journal 2004년 12월 31일 금요일판에 쓴 「의문의 미진」Tremors of Doubt이라는 짤막한 글에서 시작되었다. 글이 공개되자 더 긴 의견을 써 달라는 요청을 받았으며 이에 응해 『퍼스트 씽즈』First Things 2005년 3월호에 「쓰나미와 신정론」Tsunami and Theodicy이라는 글을 실었다. 빌 어드만스William B. Eerdmans는 책을 쓰자고 제안했고 이를 신속하게 출간하기 위해 애써주었다. 그는 내 글들에 대한 다른 사람들의 반응에 짧게 이메일을 써서 보내기보다는 좀 더 신중하고 성찰을 담은 답변을 제시해야 함을 알았다. 깊은 감사를 표한다.

두 글이 공개되고 난 뒤 몇 주 동안 다양한 반응을 보인 이들에게도 감사드린다. 그들은 내가 처음에 밝혔던 견해보다 더 상세한 견해를 제시하도록 자극했다(하지만 더 뚜렷하고 명확하게 제시하지는 않았다). 그들의 이름을 애써 밝히지는 않겠다. 우리가 (재난의 공포로 인해 많은 사람의 마음이 짓눌린 시기에) 나눈 대화는 빛으로 빛나기보다는 불길로 타오른 경우가 더 많았기 때문이다. 그들 중 몇몇은 여기에 자신의 이름이 거론되기를 바라지 않을지도 모른다. 하지만, 그들의 자극이 없었다면 이 책은 나오지 못했을 것이다. 특별히 이 문제와 관련해 열정 넘치면서도 호소력 있는 글들을 쓴 앤서니 에솔렌Anthony Esolen[*]에게 감사드린다. 우정어린 조언과 함께 나를 지지해준 존 베츠John Betz[**]에게도 감사를 표하고 싶다. 재능있는 학자이자 철학적 신학자인 그의 격려 덕분에 나는 내 목적을 자연스럽게 확인할 수 있었다.

이 책은 로버트 윌켄Robert Louis Wilken[***]에게 바친다. 그는 수년

----

[*] 앤서니 에솔렌은 미국의 로마 가톨릭 문필가, 번역가, 사회평론가다. 프린스턴 대학교를 거쳐 노스캐롤라이나 대학교 채플힐에서 석사학위M. A. 와 박사학위Ph. D. 를 받았다. 퍼먼 대학교를 거쳐 프로비던스 대학의 교수가 되어 영문학과 서양문명을 가르쳤다. 고전문학 번역가로 단테의 『신곡』, 루크레티우스의 『사물의 본성에 관하여』 등을 현대 영어로 번역했으며 다양한 잡지에 글을 기고하고 있다. 주요 저서로 『신앙의 아이러니들』Ironies of Faith, 『향수』Nostalgia, 『말씀의 아름다움』The Beauty of the Word 등이 있으며 한국에는 『우리 아이의 상상력 죽이기』(학지사)가 소개된 바 있다.

[**] 존 베츠는 현재 노틀담 대학교에서 조직신학을 가르치고 있으며 데이비드 벤틀리 하트와 함께 예수회 신학자이자 철학자인 에리히 프르쯔바라Erich Przywara(1889~1972)의 『존재의 유비』Analogia entis 영문비평판을 번역했다.

[***] 로버트 루이스 윌켄은 미국의 역사학자이자 로마 가톨릭 신학자다. 컨콜디아 대학에서 공부하고 시카고 대학교에서 석사학위M. A. 와 박사학위Ph. D. 를 받았다. 이후 1972년부터 1985년까지 노틀담 대학교 교수로, 이후에는 버지니아 대학교 교수로 활동했다. 현재는 버지니아 대학교 명예교수로 활동 중이다. 본래 루터교 목사였으나 1999년

간 과분할 정도로 내 작업을 지지해주었으며 물심양면으로 도 와주었다. 이 책에서 개진한 견해를 공적인 자리에서 처음 지지 한 사람도 그였다. 아마도 내가 여기서 말한 모든 것을 찬성했 기 때문은 아닐 것이다. 하지만 언젠가 그렇게 되기를 바란다. 나를 인내해준 아내 솔윈Solwyn에게도 감사와 사랑을 전한다. 그 리고 (이와 비슷한 말을 P.G.우드하우스P.G.Wodehouse˙가 딸을 두고 했던 것으로 기억하는데) 아들 패트릭이 없었다면 이 책은 지금보다 훨 씬 더 빨리 완성되었을 것이다. 내 삶의 기쁨인 아들에게 사랑을 전한다.

로마 가톨릭 신자가 되었다. 그리스도교 역사, 특히 초대교회사와 교 부학의 권위자로 평가받으며 로마의 그레고리안 대학교, 아우구스티 누스 교부학 연구소의 초빙교수, 북미 교부학회 학회장, 미국 종교학 회 회장, 가톨릭 신학 아카데미 대표를 역임했다. 주요 저서로 『그리 스도교의 시작과 관련된 신화』The Myth of Christian Beginnings, 『유대교와 초기 그리스도교 정신』Judaism and the Early Christian Mind, 『첫 번째 천년』 The First Thousand Years 등이 있다. 한국에는 『초기 기독교 사상의 정신』(복 있는 사람)이 소개된 바 있다.

˙ P. G. 우드하우스(1881~1975)는 영국의 작가다. 출생 직후 아버지의 근무 지인 홍콩으로 건너갔으나 2년 뒤 영국으로 다시 돌아와 성장기 대부 분을 부모와 떨어져 지냈다. 가세가 기울어 공부를 중단하고 은행에 다 닐 때 퇴근 후 글을 쓰는 것을 유일한 낙으로 삼았는데, 이렇게 완성한 글을 여러 잡지에 기고해 고료를 받으면서 작가의 길에 들어서게 되었 다. 1902년 첫 책 『상금을 노린 선수들』The Pothunters을 출간한 이후 당대 의 속어와 셰익스피어, 롱펠로 같은 시인들의 시구를 다양하게 인용하 고, 인물 간 대화를 마치 연극배우의 대사처럼 처리하여 뮤지컬 코미디 와 같은 독특한 스타일을 완성했다. 제2차 세계대전 직후 미국으로 이 주했으며 이후에도 창작에 매진하다 93세로 세상을 떠났다. 90권이 넘 는 책과 40여 편에 달하는 희곡을 남겼고, 1975년 대영제국훈장을 받 았다. 한국에는 단편들을 모아 놓은 『펠럼 그렌빌 우드하우스』(현대문학) 가 소개된 바 있다.

제1부 **세계의 조화**

세계의 조화

I

인도양의 북동쪽 테두리를 형성하고 벵골만을 감싸 안는, 스리랑카와 인도 동부 해안에서 방글라데시와 버마(어떤 사람은 미얀마라고 부르는 것을 선호한다), 말레이반도를 이루는 태국과 말레이시아까지, 그리고 수마트라 해안에서 자바의 서쪽 끝까지를 아우르는 거대한 녹색 호弧에는 무수한 신들이 있다. 다양한 형태로 뻗어 나간 힌두교는 인도, 스리랑카의 타밀족, 그리고 동남아시아의 거대한 디아스포라 인도인의 지배 종교다. 그러나 과거 이 모든 해안을 지배한 것은 베다 신들이었다. 스리랑카의 싱할라족, 그리고 태국과 버마 대다수 사람의 종교는 기본적으로 소승불교이지만 베다 신들 또한 숭앙한다. 말레이반도와 인도네시아에 사는 중국인 공동체들은 대부분 대승불교 신자지만 도교와 유교 신자도 있다. 이들은 보살들을 모시거나 중국에 있는 다양한 신들을 모신다. 방글라데시와 말레이시아의 공식 종교는 이슬람교이며 인도네시아의 지배 종교이기도 하다. 그리스도교, 즉 로마 가톨릭과 개신교는 이 지역 전역에 신자를 두고 있다. 어떤 경우에는 작지만 단단하며 어떤 경우에는 내몰리고 포위되어 있다. 그리고 이 모든 위대한 종교들조차 완전히 없애지 못한, 버마의 낫Nat 숭배와 같은 토착민들의 원시적 정령신앙이 있다. 새삼 말할 필요 없을 정도로, 아주 많은 곳에서 저 종교들의 경계는 어떤 면에서는 관대하고, 어떤 면에서는 무분별하다고도 할 수 있을 혼합주의의 황금빛 안개에 가려진다. 어떤 식으로든 인도양 상부 지역에 사는 이들 다수는 그 힘이 어떤 힘이든, 온순하든, 변덕스럽든, 초월적이든, 지역적이든, 전능하든, 그저 강력하든 인도양을 지배하는 어떤 초자연적인 힘이 있다고, 그 힘이 조수와 난기류를 통제하고 바다를 일정한 범위로 유지한다고 믿는다.

그러나 해수면 아래, 해저와 그 아래에는 광포한 폭력의 근원이 자리하고 있다. 이는 너무나도 거대하고, 급격하며, 예측 불가능하고, 끝없이 반복되고, 파괴적이어서 누군가는 그 자체를 특별히 극악하고 강력한 신이라고 여기고픈 유혹에 빠질 수도 있다. 저 폭력의 원천이 해수면 위로 솟구쳐 올라 자신의 힘을 드러낸 아주 오래된 흔적, 인도네시아 서쪽 해안에서 떨어져 긴

열을 이루고 있는 음침한 화산섬들은 의심할 여지 없이 숭배, 탄원, 찬미, 그리고 공포의 대상이었다. 지구 역학Geodynamics의 관점으로 보았을 때 이 섬들은 세계에서 가장 불안정한 지역이다. 바로 이곳을 두 개의 거대한 지각판인 인도-오스트레일리아판과 유라시아판(이 판 가장자리에 수마트라와 자바가 위태롭게 자리하고 있다)이 느리게, 끝없이, 오랜 세월 이동하면서 서로 스쳐 지나간다. 초승달 모습을 한 전체 섬과 대륙 연안은 바로 이 운동으로 인해 형성되었다. 이 섬들을 만든 불길은 사그라지지 않았다. 그 힘은 잦아들지 않으며 결코 활동을 멈추지도 않는다. 그러나 긴 시간, 저 불길 위에 있는 섬들에서 생명체들은 별다른 방해 없이 비교적 안정적으로 살았다. 날씨가 고요할 때 이곳의 바다는 은빛으로 반짝인다. 평상시 이 바다는 수정같이 맑게 빛나는 열대 하늘을 투명한 거울처럼 비추며 은은하게 흔들린다. 파도는 푸른 사파이어 같고 안쪽 주름은 짙은 초록빛 유리 같다. 그러므로 이 지역 많은 나라의 주된 수입원이 관광 수입이라는 사실은 그리 놀랍지 않다. 수많은 관광객이 하얀 모래사장이 있는 해변에서 느긋하게 저 아름다운 바다를 즐기고, 다채롭고 화려한 남아시아 식물들을 경탄하며 구경한다.

　날씨 좋은 날, 바다 깊은 곳에서 느리고도 일정한, 그러나 야만적인 동요가 일어나고 있으리라고 상상하기란 거의 불가능하다. 그러나 해양 단층 아래 도사리고 있던 힘이 폭발해 수면 위까지 영향을 미칠 때 그 파괴력은 인간의 정신이 감히 헤아리기 어려울 정도로 크고 끔찍하다. 1883년 수마트라와 자바 사이 순다 해협에서는 크라카토아 섬 전체가 폭발해 3만 6천 명 이상이 죽음을 맞이했다.[1] 폭발로 인해 하늘을 뒤덮은 불타는 화산재로 목숨을 잃은 이들은 소수였고 대부분은 그 폭발에 이어 발생한 거대한 쓰나미로 세상을 떠났다. 수만 명의 성인 남녀, 아이들이 육지에서 익사하거나 바다에 떠내려갔다. 어떤 이들은 물의 힘에 산산조각이 났다.

이 화산은 과거에도 여러 차례 비슷한 방식으로 폭발했던 것으로 보인다. 파괴와 형성을 반복하는 것이다. 지금도 이 화산은 순다 해협의 넓은 어귀에서 섬으로 다시 자라나 다음 분화를 위해 용암을 비축하고 있다. 이러한 상황에서 지진은 불가피하다. 두 지각판이 움직이면 때때로 서로 긁히고, 서로의 이동을 방해하다 마침내 충돌한다. 그러면 해저에 있는 무거운 현무암은 더 아래로 미끄러져 내려가 이에 견주어 가벼운 대륙붕을 들어 올린다. 여기까지 이르면 마치 "바다의 문"이 다시 활짝 열린 것처럼 보인다. 속박에서 벗어난 바다는 모든 것을 파괴하는 힘으로 돌변한다. 사람들에게는 신이 파도를 움직이는 것처럼 보일 것이다.

2004년 성탄절 다음 날 이른 아침, 수마트라 북쪽 끝에 있는

---

[1] 인도양 북동부 지역에 관한 지질학 정보, 크라카토아 화산 폭발의 역사에 관한 정보 대부분은 사이먼 윈체스터Simon Winchester의 매력적이고 우아한 저작에서 얻었다. Simon Winchester, *Krakatoa: The Day the World Exploded: August 27. 1883* (HarperCollins, 2003) 『크라카토아』 (사이언스북스)

반다아체Banda Aceh 앞바다에서 리히터 규모 9.0의 지진이 발생했다. 진원지 근처에서 일어난 진동도 엄청났지만, 이 진동으로 야기된 파괴는 한층 더 심각했다. (언제나 그랬듯) 쓰나미가 주변 모든 해안을 덮쳤다. 처음에는 거의 눈에 띄지 않았지만, 이내 거대한 물결이 엄청난 속도로 사방으로 퍼져 나갔다. 잠시 가라앉는 듯하였으나 육지에 이르자 다시금 물의 양이 한층 불어났고 맹렬한 기세로 육지를 휩쓸었다. 아무도 이에 대비하지 않았다. 일부 지자체는 경고를 받았는지도 모른다. 하지만 사람들은 이를 알지 못했다. 해안가에서 유리처럼 빛나던 물은 한순간에 해저의 토사, 잔해와 뒤섞여 치솟아 올라 사람들을 덮쳤다. 스리랑카처럼 멀리 떨어져 있는 곳에서도 극소수만이 대피했을 만큼 갑작스럽게 일어난 참사였다.

참사 직후 며칠간 세계는 이 사태가 얼마나 심각한지 제대로 알지 못했다. 소식은 기이할 정도로 더디게 전달되었다. 처음 언론은 쓰나미로 수천 명이 죽었다는 소식을 알렸다. 그것만으로도 충분히 비극적인 소식이었다. 그러나 며칠이 지나자 사망자 수는 수만 명으로 늘어났고 마침내 수십만 명으로 늘어났다. 참혹한 사건의 거대한 실상이 드러났다. 현재 이 글을 쓰는 동안 언론에서는 사망자가 약 25만 명에 이를 것으로 추정한다. 쓰나미의 파장이 구체적으로 드러나자 사람들은 아연실색했다. 물에 휩쓸려가지 않기 위해 기둥과 난간에 필사적으로 매달려 있는 사람들, 이따금 손을 놓쳐 맹렬한 물살에 떠내려가 버리는 사람들을 보여주는 영상들, 마을이 사라지고 초목이 벗겨진 황폐한 섬 전체 모습을 보여주는 위성 사진들, 길게 뻗은 해안선을 수놓은 잔해들과 수많은 시신, 아주 많은 어린아이 시신들.

재난의 범위, 그리고 이 재난으로 인해 수많은 사람이 겪은 고통과 슬픔을 생각하면 우리는 한동안 침묵해야 했다. 이런 때 역사와 자연의 우연성 배후에 어떤 커다란 의미가 있는지, 혹은 아무런 의미도 없는지를 따지는 행동은 잔인하기도 하고 주제넘은 일이기도 하다. 이러한 상황에서는 경건한 말과 위로의 말조차 헛되고 진부할 뿐만 아니라 일종의 신성모독처럼 보이기까지 한다. 삶을 살아가며 아무 말도 하지 말아야 할 때가 있다. 하지만, 우리는 기어코 입을 열고야 만다.

‖

거대한 재난이 들이닥쳤을 때 어떤 심대한 의미를 찾았다고 서둘러 발표하는 일이 어둠의 한복판에 빛을 비추고자 하는 어떤 도덕적 의무감과 긴급함에서 나온 행동인지, 아니면 타자의 고통을 빌미로 자신의 신념을 일련의 수사들로 표현해 공감을 받아내려 하는 기회주의에서 나온 행동인지를 구별하기란 쉬운 일이 아니다. 그리고 이 점에서 내가 다른 이들보다 특별히 낫다고 말할 수 없다. 나도 지진이 발생한 후 금요일 『월스트리트 저널』에 대재앙에 관한 짧은 글을 쓰기로 합의했기 때문이다.

승리주의에 도취한 무신론자들은 이 틈바구니에 헐레벌떡 뛰어들어 이 재앙이야말로 유물론 신조가 옳음을 보여주는 사례라고, 우리가 전능한 사랑의 신에 대한 믿음을 가질 수 없음을 보여주는 심각하고 끔찍한 경험이라고 단언한다. 이들의 말에서 빙하처럼 차갑고 교조주의적인 냉소를 느끼지 않기란 어렵다.

특히 이러한 악행을 저지른 이들은 (손쉽게 예상할 수 있듯) 기자들이다. 신의 마지막 방어선이 무너졌다면, 최후의 일격을 신에게 가할 수 있다고 믿는다면 인쇄를 미룰 이유가 없기 때문이다. 그렇다고 이들에게 칭찬할 만한 점이 하나도 없다는 이야기는 아니다. 때때로 광적인 유물론자와 신랄한 회의주의자들은 지극히 온당한 도덕적 분노를 표출하며 이는 경멸할 수 없다. 그러나 비극이 닥친 순간을 민첩하게 포착해 우주는 무심하고 신은 존재하지 않는다는 말을 황급히 늘어놓는 일은 아무리 좋게 보아도 놀랍도록 서투른 논증을 만들어낼 뿐이다. 이는 그 자체로 이러한 주장들이 세심한 성찰과 주의를 결여하고 있음을 암시한다.

결국, 인도양 재난과 같은 사건이 지니는 뜻을 사건이 일어난 뒤 얼마 되지 않은 기간 사람들이 제시한 것보다 좀 더 넓은 시각에서 생각해 본다면, 그리고 감상에 빠져들지 않고 생각해 본다면 이 재난이 우리가 살아가는 세계의 속성, 혹은 우리가 여전히 온전히 알지 못하는 유한성의 본질에 대해 특별히 새롭게 가르쳐주는 것은 아무것도 없다.

이는 그날 일어났던 일이 얼마나 무자비하며 비참했는지를 무시하는 것이 아니다. 너무나도 거대한 규모로 일어난 끔찍한 불행으로 인해 발생하는 영적 곤혹감을 아무렇지 않게 떨쳐 버려야 한다는 이야기도 아니다. 하지만, 이러한 상황에서는 그리스도인들이 지적 정직함을 유지하면서도 신중함을 갖춰야 하는 때가 불가피하게 오기 마련이다. 이러한 재난이 일어날 때면 으레 세속적인 도덕주의자들은 경악하고 분노하며 사뭇 진지하게 그리스도인들을 향해 이제는 불합리한 종교에 대한 (희미하게 남은) 헌신을 버려야 한다고, 미개한 맹신에서 벗어나야 한다고 촉구한다.

이러한 시기, 관대한 그리스도인은 미리 어느 정도의 평정심을 갖추지 않는다면 너무나도 쉽게 흔들리고, 저 분노에 손쉽게 굴복해 버리고 만다. 수천 명의 목숨을 앗아간 사건과 마주한 가운데 이처럼 사소한 골칫거리에 굴복하는 일은 결코 반길 일이 아니다. 그리스도교 신앙이 실제로 무엇인지 확인해 보려 별다른 노력을 하지도 않은 이들은 그만큼 성급하고도 확신에 찬 목소리로 종교적 신념의 부조리를 지적하려 한다. 열정적인 세속주의자들은 지난 2천 년 동안 그리스도교의 지적 전통이 한순간도 악의 문제를 고려하지 않았고, 고통과 죽음이라는 현실에 직면하지 않았으며, 이러한 현실에 세심하게 반응하지 않았을 것이라고 상상한다. 달리 말해 그들은 그리스도인들이 수 세기 동안 일어난 홍수, 지진, 폭풍, 전염병, 기근, 화재, 전쟁, 대량 학살, 모든 종류의 살인을 전혀 겪어보지 않았다고 생각한다. 혹은, 불구가 되거나 불치병에 걸리거나 아내가 암으로 세상을 떠나는 모습을 지켜보거나, 아이의 무덤 앞에 서 있게 되었을 때 겪게 되는 고통과 슬픔, 그 심연에 자리한 어두운 도덕적, 형이상학적 문제에 이해할 수 없을 정도로 무감각하게 있었다고 간주한다. 참으로 '기이한 망상'이다.

영국 기자 마틴 케틀Martin Kettle이 대재난이 일어난 지 이틀 후 『가디언』The Guardian에 게재한 칼럼은 그 대표적인 예다.* 처음 읽었을 때, 그 칼럼의 논리와 어조는 (솔직히 말하면) 글을 다 읽기 힘들 정도로 어리석었다. 그는 선언한다.

---

* 데이비드 벤틀리 하트가 언급하는 케틀의 칼럼은 「종교인은 이러한 사태를 어떻게 설명할 수 있는가?」How can religious people explain something like this?로 다음 주소에서 확인할 수 있다. https://www.theguardian.com/environment/2004/dec/28/religion.comment (2021년 6월 11일 확인).

지진과 하느님의 심판에 대한 믿음은 … 화해하기 어렵다.

그는 인도양 쓰나미와 같은 재난에 직면했을 때 그 원인에 대한 설명은 두 가지("순전히 자연적인" 설명 아니면 "어떤 다른 종류의" 설명)뿐이라고 주장한다(이러한 주장은 자연주의적 설명과 그리스도교의 창조 교리 사이에 어떤 갈등이 있거나 하느님을 세계 내 여러 요인 중 한 유한한 요인, 이동하는 지각판의 운동과 같은 자연에서 일어나는 일련의 사건에서 한 자리를 차지하는, 이 세계에 속한 어떤 개별 행위자로 전제할 때나 가능하다). 과학적 설명은 위안을 주지는 못하지만 내적 정합성이 있는 반면, "창조론자들"creationist의 설명은 그렇지 않다고 케틀은 이야기한다. 그리고 창조론자들은 어떻게 이토록 거대하고 무차별적인 파괴를 보고서도 자연의 구조 뒤에 어떤 신적 지성이 작동한다고 믿을 수 있느냐고 묻는다.

어떠한 신이 지진을 허락하는가? 어떠한 신이 지진으로부터 사람들을 보호하는가? 왜 여기 있는 이들에게는 지진이 덮치고 다른 곳에 사는 이들에게는 지진이 덮치지 않는가?

분명, 케틀은 이러한 질문들에 대한 인상적인 대답은 여태껏 없었고 앞으로도 없으리라고 확신하고 있다. 또한, 그는 자신만큼 대담하게 이런 질문들을 던지는 이들은 없다고 여긴다. 그래서 그는 자신의 문제 제기가 옳다고 확신하면서도 종교 혐오 표현을 금지하는 영국 법이 종교적 신념에 대한 열린 비판을 제한하지 않을까 우려한다. 또한, 많은 동시대인에게 "파렴치한 것들을 타파하라"écrasez l'infâme*는 자신의 과업에 동참할 용기가 있는지, 아니면 그들은 "너무 겁을 먹어 그러한 신이 과연 존재하는지" 질문하지 못하는 것은 아닌지 사뭇 비장한 태도로 묻는다(글쎄, 가까운 미래에 영국에서 누군가가 신을 믿지 않는다고 공언하기 위해 딱히 용기씩이나 내야 할 이유는 없어 보이는데 말이다).

『뉴욕 옵저버』The New York Observer 1월 10일 판에는 케틀의 글보다는 덜 거들먹거리지만, 더 호전적인 론 로젠바움Ron Rosenbaum의 글이 실렸다.** 그의 글은 판에 박힌 주장을 더 길게 (그리고 지루하게) 늘어놓았지만, 적어도 지난 수 세기 동안 '무신론자'와 '유신론자'(이 용어를 새삼 강조할 필요가 있다) 사이에서 일어난 논쟁을 조금이나마 알고 있었다. 그렇다고 그가 자신이 사용하는 용어를 분명하게 알고 있었다는 말은 아니다. 이를테면 '신정론'theodicy이 "신은 전능하며 정의롭고 피조물을 사랑하며 역사에 개입한다는 생각과 쓰나미와 같은 '자연적' 원인에 따른 비극적 현상, 그리고 대량 학살과 같은 인간의 악행에서 비롯한 비극적 현상이 반복되는 일을 조화하려는 시도"라는 그의 설명은 꽤 정

---

* 프랑스의 사상가인 볼테르Voltaire가 로마 가톨릭 교회를 겨냥해 한 말로 이후 종교를 반대하는 이들의 표어가 되었다.

** 론 로젠바움의 글은 「재난이 논쟁의 불을 지피다」Disaster Ignites Debate라는 제목으로 아래 주소에서 확인할 수 있다. https://observer.com/2005/01/disaster-ignites-debate-was-god-in-the-tsunami/ (2021년 6월 11일 확인).

확하지만, 신정론이 "신학의 하위 분과"라는 말은 명백히 잘못 되었다. 또한, 로젠바움은 라이프니츠Gottfried Wilhelm Leibniz의 신 정론을 요약하고 비판하려는 대담하지만 무모한 시도를 한다. 제대로 학문 훈련을 받은 철학자가 아닌 것이다. 수 세기에 걸쳐 그리스도교 신학이 논의한 악의 본질에 대해서도 그는 다루지 않는다. 무슨 뜻인지 잘 모르기 때문이다.

이렇게 기본적으로 주제넘기는 하나, 그럼에도 불구하고 이 글에는 일정한 미덕이 있다. 우선 로젠바움은 하느님의 전능성 을 어떻게든 박탈하려 하는 안이한 신정론들을 적절하게 경멸한 다. 또한, 그는 사실상 천상의 폭군에 대한 운명론적 숭배에 지 나지 않은 하느님의 주권에 대한 특정 이해에 대해서도 경멸감 을 표하는데 이 또한 유익한 일이다. 자연재해를 하느님의 형벌 로 간주하는 이들, 끔찍한 재난에서 기적처럼 생존한 이들이 하 느님의 자비로움을 보여주는 증거라 주장하는 이들을 무자비하 게 조롱하는 것도 마찬가지다. 최소한 로젠바움은 인도양에서 일어난 재앙이 어떤 종교적 신념에 도전한다면 그것은 하느님께 서 완전한 선이라는 믿음에 대한 도전임을 알고 있다.

물론, 우리는 케틀이나 로젠바움의 주장을 검토할 만한 가치 가 없는 주장으로 일축하려는 유혹에 빠지기 쉽다(고백하건대, 내 가 그랬다). 그들은 자신이 만들어낸 신에 대해 문제를 제기하고 있기 때문이다. 이를테면 로젠바움은 1955년 J.L. 맥키J.L. Mackie*가 쓴 유명한 논문을 언급한다. 논문에서 맥키는 역사와 자연의 증거를 살펴보았을 때 신이 정말로 전능하다면 그는 선하지 않고, 정말로 선하다면 전능하지 않다는 결론을 내려야 한다고 주장했다. 로젠바움은 지금까지 누구도 이 주장을 반박하지 못했다고 말한다. 그러나 사실은 여기에는 반박해야 할 논증 자체가 없다. 맥키의 주장은 어리석은 신인동형론anthropomorphism에 기대고 있다. 여기서 하느님의 뜻은 인간과 동일한 척도에서 측정 가능하며, 창조세계를 향한 하느님의 궁극적 목적 또한 우리가 인식하는 우주를 넘어서지 않는다. 하느님을 인간과 같은 하나의 윤리적 행위자로, 제한된 정신을 지닌 인격체로 축소한 것이다. 물론, 이 논증에는 어떤 정서적 힘, 심지어 도덕적 힘이 있다. 그러나 논리적 힘은 없다.

만물의 시작과 끝을 보지 못하는 한, 모든 시간 위에 있는 신적이고 영원한 지점에 있지 않은 한, 하느님의 자유와 피조물의 자유 사이의 관계의 정확한 본성을 알지 못하는 한, 무한한 지혜

---

* J. L. 맥키(1917~1981)는 호주 출신 영국 철학자다. 시드니 대학교를 거쳐 옥스퍼드 오리엘 칼리지에서 공부했고 뉴질랜드 오타고 대학교 교수, 시드니 대학교 교수를 거쳐 영국으로 이주해 요크 대학교 교수, 옥스퍼드 유니버시티 칼리지의 교수를 역임하며 철학을 가르쳤다. 철학적 무신론을 주창한 대표적인 학자로 평가받으며 인간의 윤리는 객관적인 가치가 없다고 주장하는 『윤리』Ethics: Inventing Right and Wrong, 유신론에 대해 비판한 『유신론이라는 기적』The Miracle of Theism: Arguments for and against the Existence of God이 널리 알려져 있다.

를 헤아리지 못하는 한, 우리는 어떤 유한한 경험에서 하느님 안에 있는 전능성과 완전한 선의 일치에 대한 결론을 끌어낼 수 없다. 누군가는 세상에서 겪는 고통 때문에 하느님을 증오하는 길이나 의지하는 길, 혹은 거부하는 길을 선택할 수 있다. 그러나 하느님이 "없다고 입증"할 수는 없다.

이러한 맥락에서 완고한 유물론은 널리 퍼진 생각 중 가장 일관성이 없는 생각이라고 할 수 있다. 이런 유물론을 고수하는 이들은 사물의 존재에 관한 질문을 깊이 있게, 혹은 끈기 있게 던지지 않거나, 이와 관련된 질문들은 문법의 오류라고 단정해 버린다. 그래서 그들은 신에 대한 더 정교한 개념이 있으리라고 상상하지 못한다. 유물론자는 누군가가 부당한 고통을 겪고 있다는 이야기를 들으면 일종의 주술적 사고에 사로잡혀, 현실에는 눈으로 볼 수 있는 도덕적 질서가 없으니 물질의 인과 관계를 초월하는 것은 존재하지 않는다고 즉각적으로 결론짓는다. 먼 옛날 우리 선조들이 하늘에서 번개가 번쩍하면 즉각적으로 하늘에서 신이 번개를 던졌다고 결론짓듯 말이다. 어떤 경우든 결론은 증거에서 도출되지 않는다(후자의 경우가 좀 더 엄격한 추론이기는 하다). 어떤 경우든 신은 인간의 감정이 좌지우지하는 신화 속 신이다.

그러므로, 케틀이나 로젠바움의 주장을 검토할 만한 가치가 없는 주장으로 일축하기는 쉽다. 그러나 그렇게 해서는 안 된다. 이들의 주장에는 (곱씹어 보면) 가치가 없다고 편하게 일축할 수 없는 어떤 힘이 있기 때문이다. 그들의 주장은 그리스도교 신학 전통과 특별한 관련이 있지는 않지만, (그리스도인을 포함한) 많은 종교인이 습관적으로 하는 생각에 이의를 제기하고 있다. 좀 더 나아가, 그리스도인들은 이러한 주장들에 관심을 기울여야 할 뿐 아니라 어느 정도 공감(동정심을 발휘한다거나 젠체하며 인내하는 것이 아닌 본래 의미 그대로 동질감을 뜻한다)해야 한다. 결국, 이 모든 불신의 중심에는 이 세상에서 일어나는 모든 비참한 일에 대한 진정성 있는 도덕적 분노, 정의를 향한 분노, 값싼 위안에 대한 거부, 악과 화해하지 않고자 하는 의지가 자리하고 있기 때문이다. 이 세상이 하느님께서 본래 선하게 창조한 상태에서 타락했다고 믿는 이라면 누구도 이러한 분노를 폄하해서는 안 된다. 은밀한 아이러니가 있다면, 어떤 식으로든 그리스도교 문화가 뿌리내린 도덕적 세계에 의해 심오한 방식으로 형성된 양심만이 그렇게 분노할 수 있다는 것이다.

근대에 이르러 서구 문명이 '자연의 신'nature's God에 대한 탈주술화disenchantment를 시도했음을 보여주는 대표적인 작품은 볼테르Voltaire가 1755년 모든 성인의 날 리스본 근해에서 발생한 대지진에 관해 쓴 「리스본 재앙에 관한 시」Poème sur le désastre de Lisbonne다.[2]

당시 리스본은 광대한 포르투갈 제국의 중심지이자 25만의 인구를 자랑하는, 유럽에서 가장 번성한 도시였다. 학문과 예술의 중심지이기도 했다. 교회의 축일이자 주일이었던 그날 아침 리스본 대다수 시민은 교회에 있었다. 리히터 규모 9.0으로 추정되는 (수마트라 지진처럼) 세 번의 연속적인 진동이 일어나 지진이 발생했다. 길거리에는 4.5미터가량의 균열이 생겼다. 지진이 일어나자마자 건물이 무너졌고 수천 명의 사람이 건물에 깔려 세상을 떠났다. 또 다른 수천 명의 사람은 파괴되는 도시에서 타구스 강 하구로 도피했으나 첫 지진이 일어난 지 30여 분 뒤 해안을 덮친 거대한 쓰나미로 인해 배나 강둑에서 목숨을 잃었다.

얼마 지나지 않아 거대한 불길이 이미 폐허가 된 도시를, 불

---

[2] 「리스본 재앙에 관한 시」 본문은 아셰트 출판사에서 펴낸, 총 46권으로 이루어진 1866년판 볼테르 전집 중 8권에 수록된 본문을 썼다. (갈리마르 출판사에서 펴낸) 플레이아드 총서에 있는 현대판 본문보다 더 신뢰할 만한 본문이어서가 아니라 내가 (우연히) 갖고 있는 본문이기 때문이다. 하지만, 두 판 사이에 특별한 차이가 있다고 생각하지는 않는다(이제 더는 쓰지 않는, 그러나 '시'Poème라는 말에는 꽤 어울리는 오래된 발음 구별 기호가 1866년판에 있기는 하다).

길을 피해 달아날 수 없었던 이들(이를테면 왕립 병원Hospital Real에 있던 환자들)을 집어삼켰다. 이 도시에서만 적어도 6만 명, 어쩌면 훨씬 더 많은 사람이 생명을 잃었다. 쓰나미는 포르투갈의 알가르브 해안, 스페인 남부, 북아프리카 전역에 걸쳐 죽음의 그림자를 드리웠다. 모로코에서는 1만 명이 목숨을 잃었다. 스웨덴과 핀란드에서도 진동을 느낄 만큼 엄청난 지진이었고 진원지에서 뻗어 나온 파도는 얼마나 강력했던지, 몇 시간이 지난 뒤에는 안틸레스, 안티과, 마르티니크, 바베이도스에서도 해수면이 가파르게 상승하는 것을 볼 수 있었다.

볼테르는 무신론자가 아니었다. 그는 매우 엄격한 이신론자였다. 볼테르는 우주를 만들고 나서 우주에 내재된 장치들이 우주를 움직이게 한 신을 경외했다. 「리스본 재앙에 관한 시」에서 그가 비판하는 대상은 그리스도교에서 이야기하는 창조주 하느님에 관한 관념이 아니라 당대에 표준으로 자리 잡고 있던 신정론, 즉 라이프니츠, 샤프츠베리Earl of Shaftesbury*, 볼링브룩

---

* 3대 샤프츠베리 백작, 혹은 앤서니 애슐리 쿠퍼Anthony Ashley Cooper(1671~1713)는 영국의 철학자, 정치가, 문필가다. 유소년기에 철학자 로크에게 가르침을 받았으며 할아버지, 아버지에 이어 정치 활동을 잠시 했으나 병약해 영국을 떠나 네덜란드, 이탈리아 등지를 돌아다니며 저술 활동을 펼쳤다. 도덕주의자로서 토머스 홉스Thomas Hobbes에 반대했으며 당대 그리스도교 도덕주의자들에게도 반대했다. 이들에 맞서 전 우주를 전체와 부분이 조화를 이루는 질서 잡힌 세계로 보는 입장에 서서 이타적 인간관과 도덕감정론을 내세웠으며 당시 영국뿐만 아니라 독일과 프랑스 지성계에도 영향을 미쳤다. 주요 저작으로는 「인간, 예의범절, 의견, 시대의 특징」Characteristics of Men, Manners, Opinions, Times이 있다.

Bolingbroke[*]의 작품에서 유래하고 알렉산더 포프Alexander Pope^{**}가 『인간론』Essay on Man에서 재치있게 표현한 이상하고 단조로운 형 이상학적 낙관론metaphysical optimism이었다. 이 신정론에 따르면 이 세계는 "모든 가능한 세계 중에서 가장 좋은 세계"이므로 "모든 것이 좋다"tout est bien. 라이프니츠의 복잡한 철학 체계를 과연 제 대로 이해했느냐는 성가신 문제를 제쳐 둔다면(의문의 여지없이, 그는 제대로 이해하지 못했다), 볼테르는 피조물에게 가장 큰 유익 을 안겨다 주고 신에게까지 구속력이 미치는 "보편법칙"universal laws을 들먹이며 세계에서 일어나는 악을 설명하려 하는 속류 신 정론이 얼마나 어리석은 이야기인지를 분명히 알고 있었다.

볼테르는 그리스도교를 좋아하지 않았지만, 서문에서 이러한

---

* 1대 볼링브룩 자작, 혹은 헨리 세인트 존Henry St John(1678~1751)은 영국 의 정치가, 철학자다. 이튼 칼리지와 옥스퍼드 대학교에서 수학하고 1701년 의회에 진출해 정치 활동을 했으며 육군장관, 외무장관, 추밀 고문관 등을 역임했고 위트레흐트강화조약을 체결하는 데 공헌했다. 1714년 여왕 앤이 갑작스럽게 세상을 떠나고 적대관계에 있던 조지 1 세가 즉위하자 프랑스로 도피했으나 1723년 다시 영국으로 돌아왔고 이후 영국과 프랑스를 오가며 조너선 스위프트Jonathan Swift와 교류하며 문필활동을 이어갔다. 정치간행물 「장인」The Craftsman을 창간해 토리당 을 옹호하는 글을 썼으며 당시 교회와 신학적 가르침에 반대하는 견해 를 내비쳤다. 볼테르 및 토머스 제퍼슨Thomas Jefferson과 같은 이들에게 영향을 미친 인물로 평가받는다.

** 알렉산더 포프(1688~1744)는 영국의 시인이자 문필가다. 12세 때 앓은 병으로 평생 불구의 몸으로 살았다. 정규 교육을 받지 못하였으나 독 학으로 고전을 익혔고, 타고난 재능으로 21세에 시집 『목가집』Pastorals을 발표했다. 이후 『비평론』Essay on Criticism을 발표해 영국 시단에서 확고 한 지위를 얻었다. 호메로스의 『일리아스』Ilias와 『오뒷세이아』Odyssey를 영어로 번역해 경제적인 성공도 거두었다. 이신론에 바탕을 둔 철학시 『인간론』Essay on Man도 커다란 영향력을 행사했다.

신정론과 그리스도교의 가르침을 구분한다. 서문의 시작과 끝에서는 세계를 다스리는 하느님의 섭리를 긍정하고 어떤 의미에서는 간청하기까지 한다. 이는 적어도 그가 역사가 하느님의 섭리라는 질서에 바탕을 두고 있다는 신앙과 신이 단순히 지금 눈에 보이는 이 세계를 설계했다는 믿음, 신이 현재 우리의 안녕을 위해 도덕과 쾌락, 삶과 죽음 사이의 균형을 영구적으로 유지하는, 일종의 형이상학적 기계로 현재 세계를 설계했다는 믿음의 차이를 알고 있었음을 보여준다.

볼테르는 후자에 대한 경멸을 숨기지 않는다. 곱고, 부드럽고, 감미로운 알렉상드랭 시*라는 형식은 그의 분노를 더 효과적으로 표현한다. "모든 것이 좋다"고 말하는 철학자들을 향해 그는 리스본의 참상(리스본의 잔해, 파편, 재)을 보라고, 숙고하라고, 어떤 보편적 선의 셈법이 리스본 대지진과 같은 결과를 필연적으로 도출해내는지 설명해 보라고 촉구한다.

> 여자들과 아기들이 엉겨 붙어있고
> 그들의 팔다리는 산산조각이 난 대리석 아래 흩어져 있네.
> 땅이 삼켜 버린 수십만의 불행한 이들이여.
> 심장은 여전히 뛰지만, 지붕에 깔린 채
> 끔찍한 고통을 견디고 있는 이들이여.

---

* 알렉산드리아풍의 12음절 정형시를 뜻한다.

아무런 위로도 받지 못한 채,

한탄스러운 삶을 마감하고 있는 이들이여!

참상을 바라보며 볼테르는 형이상학적 낙관론자에게 묻는다. '당신이 보는 이 풍경이 자유로며 선한 신의 의지마저 결정하는 영원한 법칙의 결과에 지나지 않는다고 감히 말할 수 있는가? 아니면 이 모든 것이 인간의 죄악에 대한 신의 정당한 복수라고 주장할 것인가?'

그렇다면 이 아기들은 도대체 무슨 죄악을 저질렀길래

엄마 품에 안긴 채 짓눌려 피를 흘리고 있다는 말인가?

이러한 고난 앞에서는 어떠한 반응도 혐오스럽다. 특히 참상 가운데 죽어가는 이들을 향해 이런저런 말을 붙이려는 이들에게는 어떠한 경멸도 부족하다.

평온한 구경꾼들이여, 겁이라고는 모르는 이들이여,

당신들은 죽어가는 형제들의 난파선을

느긋하게 바라보며

한가롭게 폭풍의 원인을 찾고 있구나.

도덕적 추악함은 차치하고서라도, 도대체 어떻게 이런 신정론을 믿을 수 있냐고 볼테르는 반문한다.

> 존재하는 모든 것이 좋고,
> 모든 것이 필연이라고 당신들은 말하네.
> 뭐라고? 리스본을 뒤덮은 이 지옥 같은 심연이 없었다면
> 온 우주가 더 나빠졌다는 말인가!

또 그는 묻는다. "황폐해진 해안에 남아, 극심한 고뇌를 겪고 있는 우울한 생존자들"에게 대재앙으로 인해 목숨을 잃은 이들 덕분에 다른 이들이 유익을 얻었다고, 죽은 이들은 죽음을 맞이함으로써 보편적이고 위반할 수 없는 법칙이 그들에게 부과한 역할을 완수했다고 이야기해 준들 무슨 위로가 될까? "개인의 불행이라는 치명적인 혼란"으로 인해 다수가 행복해진다고 하더라도, 이를 위해 무자비하고 피로 뒤덮인 삶과 죽음의 순환을 견뎌야 하는 것일까? 더 나아가 이를 도덕적으로 선하다고 이야기할 수 있는 것일까? 세계의 현 질서는 너무나도 섬세하고 정교하게 균형을 이루고 있는, 신조차 그 배열을 조금도 바꿀 수 없는 "거대한 존재의 사슬"great chain of being이라는 신정론자들의 주장을 볼테르는 터무니없는 허튼소리라 말한다.

> 제발, 제발 불변하는 필연의 법칙을 내 흔들리는 마음,
> 육체와 영혼, 세계가 한데 묶인 사슬에 두지 말라.

오, 석학의 꿈이여! 참으로 터무니없구나!

사슬을 손에 쥔 신은, 그 사슬에 매이지 않으니.

그의 선한 의지를 따라 모든 것이 결정되어 있다 하네.

그는 자유롭고, 정의롭고, 확고하다네.

그가 그리 공평하다면

왜 우리는 그런 주인 밑에서 고통받는 것일까?

빛나는 영웅시체 2행 연구二行聯句로 이루어진 총 234행의 시를 통해 볼테르는 자신의 분노를 쏟아낸다. 그의 시에는 포프의『인간론』과 같은 탁월한 경구나 재기 넘치는 명석함은 없다. 그러나「리스본 재앙에 관한 시」에는 수사적 힘, 도덕적인 힘이 있으며 그로 인해『인간론』보다 훨씬 더 깊은 인상을 남긴다.

그러나 앞서 언급했듯 볼테르의 시에서 이야기하는 신은 그리스도교 교리에서 이야기하는 하느님과 직접적인 관련이 없다. 그가 말하는 신은 자신의 뜻대로(혹은 일정한 뜻을 따라) 우주를 직접 통치하는 신, 어떤 우연, 바로잡을 수 없는 악, 회복 불가능한 부조리의 여지를 두지 않는 무한방정식으로 모든 사태와 개별성의 균형을 맞추는 신이다. 어느 곳에서도 볼테르는 아주 오래전, 이 세계가 하느님에게서 소외되었으며 그 사건으로 인해 창조세계가 하느님께서 진정으로 의도한 세계의 그림자로 몰락했고, 가장 깊은 곳에 상처를 입었으며 하느님을 적대하는 영적 세력, 지상 세력의 노예가 되었다는 그리스도교의 신념을 언급하지 않는다. 또한, 그는 성서의 구원 서사에도 관심을 기울이지 않는다. 그러므로 「리스본 재앙에 관한 시」는 서구 지성사의 특별한 순간을 보여주는 유물이다. 탈-그리스도교적이지만, 아직 탈-유신론적이지는 않은 그의 시는 무신론과 신앙의 논쟁이 아닌, 이신론에 대한 두 가지 상반되는 해석들의 논쟁을 대변한다. 이러한 맥락에서 볼테르의 작품은 재치란 조금도 없으며 지루하기만 한 후대 회의론자들의 무신론 논쟁을 새롭게 볼 수 있는 빛을 비춘다고 할 수 있다.

볼테르의 이 한탄 가득한 시는 이제는 거의 자취를 감춘 철학 논쟁, 인류의 문화 의식에서 오래전 사라진 신에 대한 표상을 간직하고 있다. 그러므로 마틴 케틀의 비판이나 J.L. 맥키의 유명하나 터무니없는 논증에 직면했을 때 우리는 물어야 한다. 이들이 말하고 있는 신은 도대체 어떤 신인가? 케틀과 맥키가 필사적으로 우리가 믿어서는 안 된다고 주장하는 그런 신을 실제로 믿는 종교가 있기는 한가? 누가 그런 신을 숭배하거나 그런 신을 위해서 목숨을 바쳤는가(혹은 누군가를 죽였는가)? 인도양을 다스리는 셀 수 없이 많은 신 중 어떤 신도 케틀과 맥키의 묘사에 들어맞지 않는다. 맥키가 계속해서 붙들고 씨름한 신은 이제는 사라진 신정론자들의 신이다. 그 신은 『바가바드 기타』Bhagavad Gita 제11장 신현theophany에 나오는 신, 아르주나Arjuna에게 자신의 모습을 드러낸 무한한 영광과 두려움의 신, 인간과 신들, 온 세계를 파괴해 집어삼키는 신이 아니다. 힌두교와 불교도가 믿는,

우리만큼 업보에 얽매인 하급 신들이 아니다. 자연을 이루는 무수한 사물 안에, 혹은 그 뒤에 살고 있는 동남아시아의 토착 신들도 아니다. 당연하지만, 만물을 자신의 무한한 의지와 권세로 다스리는, 피조물이 자신의 뜻에 순종케 해 공덕을 쌓게 하는 계기의 장으로서 세계를 창조한 이슬람교의 신도 아니다. 다시 한번 묻는다. 그렇다면 저 무신론자들이 이야기하는 신은 과연 어떤 신인가?

다시 한번, 이쯤에서 문제를 종결하고픈 충동이 들지만, 그럴 수는 없다. 앞서 말했지만, 이 세련되지 못한 논증들, 그리고 볼테르의 시를 고려하면 할수록 이 모든 주장이 실제로 도전하는 대상은 바로 그리스도교의 하느님임을 감지할 수 있기 때문이다. 그들이 즉각적으로 겨누고 있는 대상은 지루한 윤리적 이신론이지만, 그들이 제기한 모든 질문이 거기에만 한정되지는 않는다. 서구의 모든 회의론자가 그토록 경멸하는 신이 어떤 신인지 정직하게 묻는다면, 그 신이 그리스도교의 복음이 선포하는 하느님은 아니라 할지라도, 그럼에도 불구하고 그리스도교에서 전하는 하느님의 희미하고 왜곡된 잔상임을 인정해야 한다. 그리스도교에서는 하느님께서 무한히 선하다고 선포할 뿐 아니라 그 선을 무한한 사랑과 동일시한다. 세상에서 일어나는 고난을 두고서 자애롭고 전능한 하느님에 대한 믿음에 거칠고 조잡하게 대항하는 무신론은 가장 깊은 차원에서 그리스도교 신앙의 언어에 의해 형성된 것이다. 무신론자들은 그리스도교에서 선포하는 하느님에 대한 도덕적 기대를(그리고 그만큼의 도덕적 실망을) 품고 있다. 물론 그들의 실제 주장은 그리스도교 전통에 대한 적절한 이해를 담고 있지 않을 수도 있고, 논리적인 측면에서는 허술하기 그지없을 수도 있다. 그러나 그 주장들이 아무런 실체도 없는 허상을 향한 주장은 아니다. 그들이 겨누는 '아무도 믿지 않는 신'이라는 가면 뒤에는 최소한 그리스도교에서 선포하는 하느님에 대한 기억, 혹은 그 기억의 그림자가 있다. 이 때문에 무신론자가 도덕적인 이유로 신을 믿지 못하겠다고 이야기한다면, 그는 (설사 본인은 이를 의식하지 못한다고 하더라도) 사실상 그리스도교에서 선포하는 하느님께 예를 표하는 것이라 할 수 있다. 그러므로 이런 무신론자들의 주장을 간단히 무시해서는 안 된다. 그들은 그리스도교인에게 신앙을 포기하기를 요구하는 것이 아니다. 어떤 면에서 그들은 나름의 이유가 있는 불신자도 수긍할 수 있을 정도로 그리스도교 신앙이 무엇인지, 도덕적 준엄함을 지닌 하느님의 사랑이 무엇인지를 그리스도인이 세심하게 기억하기를 요구하는 것이다. 바로 이 지점에서 문제는 복잡해진다. 그리스도인들이 너무나 자주 망각하는 그리스도교의 중요한 요소들을 오히려 무신론자들이 간직하고 있는 것처럼 보이기 때문이다.

IV

인도양에서 지진과 쓰나미가 일어난 후 며칠 동안, 평범한 무신론자들이 즉흥적으로, 하지만 어느 정도 예측 가능한 방식으로 쏟아낸 트집들보다 더 불쾌했던 주장들은 자신이 그리스도교 신앙을 갖고 있다고 주장하는 이들이 쏟아낸 말들이었다. 어떤 말들은 지독히 해로운 병리적 현상으로 무시할 만했다. 이를테면 자신을 "근본주의자"fundamentalist라고 밝힌 버지니아의 한 설교자는 인도양에서 일어난 재앙을 불신자들에 대한 하느님의 분노어린 심판으로 보고, 그분이 숭고하고도 잔인하게 벌을 내리는 모습에 열광하면서 가학적인 고함을 질러댔다. 참사에 열광한 또 다른 설교자는 재난의 영향을 받은 일부 나라들이 그리스도인들을 박해한 나라로 악명이 높다고, 그렇기에 그런 재난을 겪는 것은 그리 대수로운 일이 아닌 양 말했다. 보수적인 어느 로마 가톨릭 언론인은 교양 있어 보이는 말투로 태연하게(그래서 더 역겹게) 하느님께서 우리 모두에 귀중한 교훈을 주기 위해 쓰나미를 일으키셨다고 기뻐했다. 이외에도 수많은, 자칭 '그리스도교 신앙에 근거한' 주장들이 나왔다. 모두 그리스도교의 가르침을 그럴듯하게 왜곡한 진술들이었지만, 이 때문에 더 무시할 수 없었고, 이 때문에 나를 더 낙담케 했다. 마틴 케틀과 같은 무신론자들의 주장들이 짜증이 났던 이유는 그 논리가 세련되지 못할 뿐만 아니라 근엄하게 다른 사람들을 가르치려 하면서 거들먹거렸기 때문이다. 하지만, 선의의 그리스도인들이 인도양에서 일어난 재난을 합리화하는 주장들은 나를 짜증 나게 하지 않았다. 나는 그들의 주장에 분노했다. 설령 그들이 의도한 바는 아니라 할지라도, 순간 케틀과 같은 무신론자들의 어설프기 짝이 없는 주장들을 적절하고 심오한 주장처럼 보이게 만들었기 때문이다.

이러한 합리화는 결코 특정 집단에서만 벌이는 일이 아니다. 교파를 가리지 않고 종교적 감수성을 지닌 다채로운 사람들이 이러한 일을 벌이고 있다. 다만 (자신이 속한 전통의 성향에 따라) 초연하고 냉담한 말투로 하거나, 경건한 마음으로 눈물을 흘리며 하거나, 병든 형이상학적 낙관론의 태도로 창백한 장밋빛 세계를 그리거나, 진심을 담아, 고뇌에 찬 말투로 하거나의 차이일 뿐이다. 앞에서 언급한 『월스트리트 저널』 칼럼의 질의와 비판에 응답하기 위해 나는 여러 그리스도교 웹사이트에서 이 문제를 어떻게 다루었는지를 살펴보았다. 대부분의 논의는 놀라울 정도로 좋았지만, 일부 주장은 형편없을 뿐만 아니라 어리석기 짝이 없었다. 모든 발언을 한데 놓고 보았을 때 가장 흥미로웠던 점은 '그리스도교 신앙'에 바탕을 두고 한다는 주장들이 신학적으로 양립 불가능한 경우가 많았다는 것이다.

어느 칼뱅주의 목사는 하느님의 웅장한 주권에 한껏 도취된 채 인도양 참사는 (다른 모든 일과 마찬가지로) 하느님께서 자신의 뜻을 직접 드러낸 사건이라고 선포했다. 또한, 그는 이 하느님의 뜻은 영원한 그분의 계획을 따르는데 이 계획은 감추어져 있다고, 이 계획을 꿰뚫어 보고자 하는 시도는 불경하며 그분의 뜻을 따라 일어난 일에 감히 왈가왈부하는 것은 죄라고 말했다. 이 주장을 뒷받침하기 위해 이 목사는 이사야서의 구절("행복을 주는 것도 나요, 불행을 조장하는 것도 나다"(이사 45:7))은 완강하게 문자 그대로 해석했고 에제키엘서의 구절("죽을죄를 지은 사람이라도 사람이 죽는 것은 나의 기쁨이 아니다"(에제 18:32), "죄인이라고 해도 죽는 것을 나는 기뻐하지 않는다."(에제 33:11))은 놀라울 정도로 애매하게 해석했다.

미국 남부 어딘가에 있는 작은 대학의 조교수로 있는 칼뱅주의자는 자신이 "아우구스티누스-토마스 아퀴나스-칼뱅주의 전통"을 따른다고 밝히며(기괴한 조합이지만, 일단 가능하다고 치자) 개혁주의 사상에서 하느님 자신은 고난과 죽음을 필요로 하지 않으시지만, "그 외 다른 방식으로는 드러나지 않을" 하느님의 속성(이것이 무엇인지 상상하는 일조차 두렵다)을 드러내는 한 우리에게 고난과 죽음은 "인식론적 중요성"epistemic significance을 갖는다고 말했다. 내가 존경해 마지않는 한 로마 가톨릭 신학자(이자 번역가)는 헤로데에 의해 순교한 죄 없는 아기들을 떠올리며 그리스도의 상처를 지닐 수 있는 (심지어 천사들도 갖지 못한) 인간의 특별한 권한을 찬미했다. 그다음 그는 하느님께서는 은총을 베푸셔서 우리가 고난을 통해 그리스도의 고난에 참여할 수 있게 하신다고, 그리하여 구원의 놀라운 신비에 참여할 수 있게 된다고 말했다. 그리고 (설령 이를 통해 죽음을 감내해야 한다고 할지라도) 죄로부터 구원을 받는 과정이야말로 죽음의 손길이 닿지 않은 채 무고한 상태에서 성장하는 과정보다 더 복된 과정일 수 있다는 경건한(하지만 위험한) 충고를 던졌다. 어느 독실하고 지적인 가톨릭 신자는 (적어도 이번에는) 섭리를 업보처럼 들리게 하는 불행한 재주를 보여주었다. 그에 따르면, 모든 사람이 원죄가 있지만 어떤 이들은 다른 이들보다 더 많은 죄를 지으며, 정의에 대한 우리의 감각은 "(각자의 선행과 죄에 대해) 마땅한 형벌과 보상"이 주어지기를 요구한다. 그리고 하느님은 위대한 "대차대조자"balancer of accounts이기에 무고한 사람들이 고난을 받았을 경우 "그들과 나머지 인류에게 합당한 영적 열매"를 주신다고 그는 주장했다.

이 수많은 견해 사이에는 차이도 있지만, 그만큼 간과해서는 안 되는 공통점이 있다. 그것은 바로 모두 하느님께서 완전히 의로우시기에 겉으로 보기에는 임의로 일어나는 것처럼 보이는 자연의 폭력, 그로 인해 발생하는 고난, 결핍, 상실 이면에는 하느님의 계획이 있으며 저 일들의 총합, 저 모든 일의 의미를 한데 묶어 해명해주실 것이라는 믿음이다. 이는 충분히 이해할 만한 충동이다. 분명 그리스도인은 모든 악에도 불구하고, 어두운 역사에서 선한 결말을 끌어내기 위해 하느님의 초월적 섭리가 작용한다고 확언할 수 있다. 그러나 (볼테르도 이해했듯) 섭리는 역사에 어떠한 여지도 남기지 않는 사건들의 단순한 '총합'이나 '무한방정식'이 아니다.

이 부분에 대해서는 나중에 좀 더 자세히 다루겠지만, 일단 강조하고 싶은 점은 어떤 설명이 너무나도 포괄적이면 단순한 동어반복이 되어 아무것도 설명할 수 없게 되는 지점이 있다는 것이다. 순수한 의미에서의 결정론이 그 대표적인 예다. 모든 유한한 우연성이 (피조물의 자유라는 심오한 신비 없이) 오직 만물을 움직이는 단일한 의지의 결과라는 주장은 세계는 눈에 보이는 게 전부라는 주장과 별 차이가 없다. 두 주장 모두 하느님의 뜻과 우주에서 일어나는 우연한 일들의 단순한 총합 사이에 존재해야 할 의미 있는 구분을 하지 않고 있기 때문이다.

세계에서 일어나는 모든 일이 가장 미세한 측면뿐 아니라 모든 측면에서 하나의 무한한 의지의 표현으로 설계되어 있다면, 달리 말해 무한한 의지가 자신의 초월적인 결정 안에 다른 공간, 이차적이며 종속적이나 자유로운 행위자를 위한 (그래서 우연성과 부조리한 요소를 머금고 있는) 실질적 공간을 만들지 않는다면 세계는 임의적이면서 필연적이고, 모든 부분에 의미가 있으나 전체로서는 무의미한, 순수한 힘의 표현 이상도 이하도 아니다. 이러한 그림에서는 설령 세계의 목적이 신의 위엄과 정의를 알도록 피조물을 준비시키는 것이라 할지라도, 그 위엄과 정의는 신의 의지를 달리 표현한 허구에 불과하다. 이때 신은 자신의 피조물을 창조하며 선과 악, 자비와 폭력, 빛과 어둠과 같은 수단을 통해 자신의 뜻을 새긴다. 그 결과 어떤 이는 영원한 고통을 위해 창조되며 어떤 피조물은 영원한 행복을 위해 창조된다. 모든 피조물은 완벽하고 누구도 거스를 수 없는 신의 드라마를 이루는 부품에 불과하다. 이러한 신은 결국 순전한 의지, 무한히 가혹한 사건이다. 이 신은 인간으로부터 허무주의에 뿌리내린 믿음만을 끌어낼 수 있을 뿐이다. 이러한 신 개념은 성서와 맞지 않음은 물론이고 철학적으로도 앞뒤가 맞지 않는다. 하지만 많은 그리스도인은 알게 모르게 이러한 신 개념을 갖고 있으며 그렇기에 무신론자들의 좋은 공격 거리가(그리고 뒤에서 다루겠지만, 영지주의자들의 좋은 먹잇감이) 된다.

하느님을 일종의 대차대조자로 보고, 고통과 죽음을 그분이 만물의 궁극적 조화를 고려해 증가와 감소를 따져 인간의 죄를 적절하게 처리한 일종의 보상으로 이해해야 한다는 견해 또한 문제다. 앞에 나온 견해보다는 영적으로 건강해 보이며 어떤 면에서는 꽤 그럴듯하지만, 좀 더 생각해 보면 소름 돋는 견해다. 게다가 이 견해는 따지고 들면 들수록 무의미하게 복잡해진다. 질병으로 일찍 죽은 아기, 오랫동안 살다가 심장마비로 죽은 연쇄살인범, 선천적 광인의 죽음과 선천적 천재의 죽음, 오랫동안 부유하게 산 사람의 죽음과 가난에 찌들어 젊은 나이에 생을 마감한 이의 죽음이 모두 자신이 마땅히 받아야 할 바를 받은 것이라면, 이러한 죽음이 하느님께서 정확하게 한 계산의 결과물이라면 그 하느님은 부조리하고 불합리한 분이라고 말할 수밖에 없다. 또한, 어떤 이는 특정 동물들이 겪는 고통은 어떻게 봐야 하느냐고 물을지도 모른다(이는 분명 간과해서는 안 되는 문제다).

간과해서는 안 되는 점은 루가 복음 13장에서 그리스도께서는 제자들이 죄와 불행 사이에 (분명하게 알 수는 없지만) 어떤 관계가 있다고 믿는 것을 금하셨다는 것이다.

바로 그때 어떤 사람들이 예수께 와서 빌라도가 희생물을 드리던 갈릴래아 사람들을 학살하여 그 흘린 피가 제물에 물들었다는 이야기를 일러드렸다. 예수께서 이 말을 들으시고 그들에게 말씀하셨다. "그 갈릴래아 사람들이 다른 모든 갈릴래아 사람보다 더 죄가 많아서 그런 변을 당한 줄 아느냐? 아니다. 잘 들어라. 너희도 회개하지 않으면 모두 그렇게 망할 것이다. 또 실로암 탑이 무너질 때 깔려 죽은 열여덟 사람은 예루살렘에 사는 다른 모든 사람보다 더 죄가 많은 사람인 줄 아느냐? 아니다. 잘 들어라. 너희도 회개하지 않으면 모두 그렇게 망할 것이다."(루가 13:1~5)

희생제물을 드리다가 빌라도에게 살해당한 이들은 어떤 죄를 지어서 그런 운명을 맞이한 것이 아니다. 실로암 탑이 무너졌을 때 깔려 죽은 열여덟 명도 마찬가지다. 또한 마태오 복음 20장에서 그리스도께서는 말씀하신다.

하늘나라는 이렇게 비유할 수 있다. 어떤 포도원 주인이 포도원에서 일할 일꾼을 얻으려고 이른 아침에 나갔다. 그는 일꾼들과 하루 품삯을 돈 한 데나리온으로 정하고 그들을 포도원으로 보냈다. 아홉 시쯤에 다시 나가서 장터에 할 일 없이 서 있는 사람들을 보고 "당신들도 내 포도원에 가서 일하시오. 그러면 일한 만큼 품삯을 주겠소" 하고 말하니 그들도 일하러 갔다. 주인은 열두 시와 오후 세 시쯤에도 나가서 그와 같이 하였다. 오후 다섯 시쯤에 다시 나가보니 할 일 없이 서 있는 사람들이 또 있어서 "왜 당신들은 종일 이렇게 빈둥거리며 서 있기만 하오?" 하고 물었다. 그들은 "아무도 우리에게 일을 시키지 않아서 이러고 있습니다" 하고 대답하였다. 그래서 주인은 "당신들도 내 포도원으로 가서 일하시오" 하고 말하였다. 날이 저물자 포도원 주인은 자기 관리인에게 "일꾼들을 불러 맨 나중에 온 사람들부터 시작하여 맨 먼저 온 사람들에게까지 차례로 품삯을 치르시오" 하고 일렀다. 오후 다섯 시쯤부터 일한 일꾼들이 와서 한 데나리온씩을 받았다. 그런데 맨 처음부터 일한 사람들은 품삯을 더 많이 받으려니 했지만, 그들도 한 데나리온씩밖에 받지 못하였다. 그들은 돈을 받아들고 주인에게 투덜거리며 "막판에 와서 한 시간밖에 일하지 않은 저 사람들을 온종일 뙤약볕 밑에서 수고한 우리들과 똑같이 대우하십니까?" 하고 따졌다. 그러자 주인은 그들 가운데 한 사람을 보고 "내가 당신에게 잘못한 것이 무엇이오? 당신은 나와 품삯을 한 데나리온으로 정하지 않았소? 당신의 품삯이나 가지고 가시오. 나는 이 마지막 사람에게도 당신에게 준 만큼의 삯을 주기로 한 것이오. 내 것을 내 마음대로 처리하는 것이 잘못이란 말이오?

내 후한 처사가 비위에 거슬린단 말이오?" 하고 말하였다. 이
와 같이 꼴찌가 첫째가 되고 첫째가 꼴찌가 될 것이다.

(마태 20:1~16)

여기서 그분은 의인에 대한 보상이 공덕의 차이에 따라 구별되
지 않음을 분명히 하신다. 종일 일한 사람과 한 시간만 일한 사
람은 같은 임금을 받는다.

누군가는 원죄가 우리 모두를 죄인으로 만들기 때문에 우리
가 어떤 불행을 맞이하든 엄밀히 말하면 우리가 받아야 할 것 이
상의 벌을 받는다고 할 수는 없다고 주장할 수도 있다. 하지만,
앞서 말했듯 우리가 맞이하게 되는 각기 다른 미래가 우리가 한
행동의 보상이나 형벌로 볼 수는 없다. 그리고 이렇게 되면 그
리스도교에서 이야기하는 구원, "대차대조를 맞추는 것"과는
거리가 먼, 전적으로 하느님께서 값없이 주시는 구원은 무의미
해진다.

물론, 이 지점에서 한 역사적 문제를 언급할 필요가 있다. 내
신학적 입장은 동방 정교회에 속한다. 종종 사람들이 이야기하
는 동방 교회와 서방 교회의 신학적 차이는 대부분 실제로 존재
하는 것이 아닌 허상에 불과하지만, 적어도 원죄와 관련해서는
한 가지 차이가 있다는 데 대다수 학자가 동의한다. 모든 그리스
도인은 우리가 죄 가운데 태어났다고, 즉 인간으로서 우리는 모
두 죽음의 지배를 받으며 육체와 영혼은 타락했고 의지와 욕망

의 혼란으로 인해 고통을 겪으며 정신은 어둠에 잠겨 있기에 우리 스스로 우리를 구원할 수 없다고 믿는다. 하지만 원죄에서 '죄의 유전'inherited guilt을 강조하는 것은 서방 교회뿐이다. 정교회는 이를 거부한다(그렇다고 해서 정교회가 죽음의 지배를 받는 노예인 우리 중 누군가 합리적 자율성을 얻으면 원죄에서 벗어날 수 있다고 가르치지는 않는다). 이런 차이가 어떻게 발생했는지에 대해서는 다양한 대답(심각하게 왜곡된 로마인들에게 보낸 편지 5장 12절의 라틴어 번역*, 신약성서의 주요 언어들에 대한 좀 더 일반적인 '오역', 법리학을 중시하는 로마의 성향이 라틴 신학에 미친 영향, 죄와 구원에 관련된 신약성서의 은유를 동방 교회에서는 매우 엄격하게 노예에 관한 민법의 관점(인간은 죽음이라는 가문에 예속된 노예로 빚을 지고 있으며 여기서 해방되기 위해서는 몸값을 지불해야 한다는 식)으로 읽는 반면, 서방 교회에서는 형법의 관점(법적 과실에 대한 책임과 처벌의 측면)으로 읽는 것)이 제시된 바 있다. 그렇다 할지라도 '성인의 영혼'과 관련해 두 교회의 이해는 별다른 차이가 없다. 그러나 유아, 유아의 죽음과 관련해 두 교회는 근본적으로 다른 이해를 보인다. 이를테면 니사의 그레고리우

---

* "한 사람으로 말미암아 죄가 세상에 들어왔고, 또 그 죄로 말미암아 죽음이 들어온 것과 같이, 모든 사람이 죄를 지었기 때문에 죽음이 모든 사람에게 이르게 되었습니다."(로마 5:12)를 서방 교회의 대표적인 신학자인 아우구스티누스는 '죄의 유전'을 보여주는 대표적인 구절로 해석했다. 당시 라틴어 성서가 "아담 안에서 모든 사람이 죄를 지었다"는 식으로 번역했기 때문이다. 데이비드 벤틀리 하트, 『그리스도교, 역사와 만나다』(비아, 2020), 166 참조. 이러한 문제의식 아래 하트는 스스로 신약성서를 번역했다. David Bentley Hart, *The New Testament: A Translation* (Yale University Press, 2019)

스Gregory of Nyssa*는 유아가 세례를 받지 않고 죽음을 맞이했더라도 모두 구원을 받는다고 이야기했다(그리스도께서 하데스를 정복하신 이후 유아들의 죽음은 곧 세례를 받는 것을 의미하기 때문이다). 키루스의 테오도레투스Theodoret of Cyrus**도 세례를 받지 않은 유아들은 영원한 형벌을 받게 된다고 믿은 아우구스티누스Augustine, 아퀴타니아의 프로스페르Prosper of Aquitaine***, 루스페의 풀겐티우스

---

* 니사의 그레고리우스(335?-395?)는 주교이자 동방 교회의 대표적인 교부 중 한 사람이다. 성 바실리우스Basilius와 형제로 카파도키아의 카이사레아에서 태어나 형 바실리우스와 누나 마크리나Macrina의 영향을 받으며 성장했다. 수사학자가 되어 수사학을 가르쳤으나 나지안주스의 그레고리우스의 영향으로 수도 생활을 시작한 후 사제 서품을 받았으며 이후 아르메니아의 니사 교구의 주교가 되었다. 아리우스파의 끊임없는 공격을 받았을 뿐만 아니라 폰투스의 집정관으로부터 교회 재산을 남용했다는 무고를 받고 투옥되었으나 그라티아누스Gratianus 황제에 의해 복직했다. 381년 콘스탄티노플 공의회에 참석하여 아리우스를 비판하고 정통 교회의 수호자로 칭송받았으며 이후에는 저술 작업에 전념했다. 『마크리나의 생애』Vita sanctae Macrinae, 『모세의 생애』De vita Moysis, 『에우노미우스 논박』Contra Eunomium 등의 저술을 통해 삼위일체 사상, 수도 생활, 부정신학 방법론에 커다란 영향을 미쳤다.

** 키루스의 테오도레투스(393~458?)는 주교이자 신학자다. 393년 안티오키아의 부유한 가문에서 태어나 고전 교육과 신앙 교육을 받고 23세 때 자신의 재산을 가난한 이들에게 나누어주고 수도사가 되었으며 이후 키루스의 주교가 되었다. 5세기 동방 교회에서 일어난 다양한 신학 논쟁에 참여했으며 성서 주석과 교의학 분야에서 주요한 저작들을 남겼다.

*** 아퀴타니아의 프로스페르(390~463)는 평신도 그리스도교 문필가이자 신학자다. 아퀴타니아 출신으로 고향을 떠나 프로방스 지방으로 갔다가 마르세유에 정착한 뒤 여러 저작을 집필했으며 여러 신학 논쟁에서 아우구스티누스의 신학을 적극적으로 옹호해 그의 신학이 서방 교회의 주류로 자리 잡는 데 기여했다. 주요 저술로 『모든 민족의 소명』De vocatione omnium gentium, 『하느님 섭리에 관한 시가』Carmen de Providentia Divina, 『성 아우구스티누스 명제에서 발췌한 경구』Epigrammata ex sententis sancti Augustini 등이 있다.

Fulgentius Ruspensis*의 견해인 유아세례가 유아의 죄를 감면해준다는 믿음을 거부했다(서방 교회, 동방 교회 모두 이중 특정 견해를 교리로 확립하지 않았다). 두말할 것 없이, 나는 동방 정교회의 관점이 더 성서에 부합한다고 믿는다(덕분에 나는 내가 불쾌하게 여기는 견해를 애써 지지하지 않아도 된다). 그러나 이 문제와 관련해 각 교회의 차이까지 세세히 살필 필요는 없다. 토마스 아퀴나스Thomas Aquinas의 시대까지 서방 교회도 세례받지 않은 유아들이 영원한 고통을 받게 된다고 보지는 않았다. 다만 자연을 넘어서는(초자연적) 천상의 복락은 아닌, 완전한 자연적 복락의 상태에 있다고 보았을 뿐이다. 이는 로마 가톨릭 사상이 유전된 죄를 개인의 잘못과 단순하게 동일시하지 않았음을 보여준다. 동방 교회 전통도, 서방 교회 전통도 어린아이의 죽음을 하느님께서 정의를 이루시는 것으로 보지는 않았다. 다른 무엇보다 그리스도께서 "어린이들"은 하느님 나라의 자연적 시민이라고 말씀하셨다(마태 19:14, 마르 10:14, 루가 18:16).

예수께서는 이것을 보시고 노하셔서, 제자들에게 말씀하셨다.

---

* 루스페의 풀겐티우스(462~527?)는 주교이자 신학자다. 북아프리카의 정치인 가문에서 태어나 고전 교육과 신앙 교육을 받고 정치인으로 활동하다 아우구스티누스의 영향을 받고 수도사가 되었다. 이후 루스페의 주교로 활동하며 아리우스주의와 펠라기우스주의를 반박하는 글들을 포함한 여러 저작을 남겼다. 주요 저술로 『아리우스파 파스티디오수스의 설교 반박』Contra Sermonem Fastidiosi Ariani, 『예정과 은총』Liber de praedestinatione et gratia 등이 있다.

"어린이들이 내게 오는 것을 허락하고, 막지 말아라. 하느님 나라는 이런 사람들의 것이다." (마르 10:14)

가장 깊은 차원에서 아이들의 고난은 하느님 나라의 법을 거스르는 것, 하느님 나라를 통치하는 왕의 기쁨을 가로막는 것임이 틀림없다.

물론, 나는 여러 비참한 죽음을 사랑과 지고지선의 하느님과 연결하려는 이들의 기본적인 취지에 대해 어느 정도 공감했다 (상대적으로 가톨릭 신자들의 견해가 다른 신자들의 견해와 견주었을 때 조금 더 정교회의 감각에 들어맞는 면이 있었다). 하지만 놀랍게도 대다수 견해는 창조와 구원의 질서에 부조리한 측면, 무의미의 여지란 없음을 변호하려는 나머지 신약성서에 담긴 매우 중요한 논의들을 보지 못하게 하는 것 같았다. 그 견해들은 하느님께서 베푸시는 (과도하다고 할 수 있을 정도로) 풍성한 은총, (바울이 로마인들에게 보낸 편지 6장에서 말한) 구원이라는 "거저 주시는 선물", 얼마나 오래 일했는지와 무관하게 동일한 보상을 베푸는 "불공정한" 사랑, 우리가 마땅히 치러야 할 대가에 대한 하느님의 은혜롭고 너그러운 무심함에 대해서는 거의 언급하지 않는다. (아무리 강조해도 충분치 않은) 복음의 승리주의(죄와 죽음에 대해 그리스도께서 이미 승리를 거두셨다는 기쁜 소식), 바울과 요한이 그리는 영적, 우주적 전쟁 심상들에 대해서도 거의 이야기하지 않는다. 신약성서에는 기이할 정도로 형이상학적 낙관론이 부재한다는 점,

죽음과 어떠한 궁극적인 화해도 거부한다는 점(그리고 죽음의 권세를 조롱한다는 점)에 대해 어떠한 관심도 기울이지 않는다. 분명, 모든 고난, 그리고 죽음은 섭리 가운데 하느님의 선한 목적을 향한다. 그러나 또 다른 궁극적인 의미에서 고난과 죽음은 그 자체로는 어떠한 의미도, 목적도 갖지 못함을 신약성서는 우리에게 가르쳐준다. 이는 진정 복음이 우리에게 전하는 가장 놀랍고도 기쁜 지혜이자 해방의 소식이다.

V

앞에서 볼테르의 시가 도덕적 힘이 있다고 이야기했지만, 이
는 어디까지나 상대적으로 그렇다는 이야기다. 볼테르는 18세
기 사람이었으며 계몽주의의 미신들에서 자유롭지 못했다. 그는
존재의 더욱 어두운 신비와 비이성적인 힘을 깊이 성찰하지 못
했다. 그의 정신은 18세기 관념론과 유물론, 칸트와 헤겔 사이에
일어난 형이상학의 죽음과 재탄생, 혁명과 낭만주의, 다윈주의,
그리스도교가 유럽 문화에서 서서히 쇠퇴한 이후 등장한 노골적
인 허무주의가 일으킨 동요를 겪지 않았다. 게다가 볼테르의 신
학은 선을 향한 열정, 혹은 그와 반대로 악을 향한 열정을 불러
일으키기에는, 우주적인, 혹은 영적인 악을 깊이 탐구하기에는
너무 무미건조했다. 「리스본 재앙에 관한 시」보다는 도스토예프
스키Dostoyevsky가 인간의 고난을 살피는 가운데 이반 카라마조프
Ivan Karamazov를 통해 표현한 "하느님의 뜻"에 대한 "반역"*이 훨씬
더 미묘하고 훨씬 더 가차 없으며 훨씬 더 고통스럽고 훨씬 더
인상적이다.

도스토예프스키가 열정적인 신자였다는 사실을 염두에 두면
이 반역은 아이러니해 보일 수 있다. 그러나 그리스도인이 아니
면 이 불타오르는 반역의 영적, 도덕적 동기를 충분히 이해할 수
없다. 무고한 고난을 다루는 그리스도인 도스토예프스키는 이

---

* 도스토예프스키의 소설 『카라마조프가의 형제들』 제2부 5편 '찬반론' 중
4장의 제목이다. 『카라마조프가의 형제들』(문학동네)

신론자 볼테르가 결코 도달할 수 없는 심오함을 지니고 있다. 이 반은 볼테르처럼 자연재해의 무작위성에 대해서는 별다른 관심이 없다. 이반이 동생 알렉세이Alexey(혹은 알료샤Alyosha)에게 말하는 악은 비인격적인 자연의 행위가 아니라 분명한 책임을 물을 수 있는 인간의 행위다. 하지만, 달리 보면 인간은 지진이나 홍수 못지않게 자연 질서의 일부며 악에 휩쓸리는 인간의 성향은 (지진과 쓰나미라는) 물질세계에서 갑작스럽게 일어나는 끔찍한 재해 못지않게 형이상학적 낙관론의 양심을 건드리는 걸림돌이다. 그것이 무엇이든 인간이 저지르는 악은 (어떤 종교의 가르침을 제외하고 생각하면) 인간 본성의 어떤 자극을 받아 이루어지는, 야수 같은 충동과 방향을 잃은 의지라는 보이지 않는 샘에서 쏟아져 나오는 이 세계의 상수常數, constant다. 그렇기에 인간의 악에 대한 물음은 자연 재난이 일어났을 때 일어나는 물음과 사실상 같다. 모든 물음은 결국 세계의 창조주에 관한 물음으로 귀결된다. '악은 어디서 오는가?'Unde hoc malum 그리고 어떤 신이 악을 허락하는가?

이반은 자신이 무신론자라고 이야기하지 않는다. 다만 그는 하느님께서 인간을 창조했는지, 아니면 인간이 하느님을 창조했는지 분명한 입장을 내보이지 않을 뿐이다. 이반은 하느님께서 존재한다는 생각은 인간처럼 악랄한 동물의 지성에서 나왔다고 하기에는 너무나 지혜롭고 거룩하기에 이를 하찮은 생각이나 단순한 환상으로 여기는 것을 극도로 싫어한다.

신이 실제로 존재한다는 건 이상할 것도, 놀랄 만한 것도 못 되고, 정말 놀라운 것은, 그런 생각이 인간처럼 야만적이고 악한 동물의 머릿속에 슬그머니 기어들 수 있었다는 사실이야. 이 생각은 그만큼 거룩하고, 그만큼 감동적이고, 그만큼 현명하고, 그만큼 인간에게 명예로운 것이거든.

그에 따르면 하느님은 (하느님께서 존재한다면) 인간에게 시간과 공간이라는 조건에 얽매인 유한한 "유클리드 기하학"의 정신을 주셨기에 인간은 하느님의 초월적 설계, 즉 만물이 하느님과의, 그리고 만물을 이루는 요소들의 궁극적 조화를 향해 나아간다는 것, 그렇게 하느님께서 만물을 인도하는 것을 파악할 수 없다. 그러므로 이반은 궁극적인 문제에 대해서는 신경 쓸 필요가 없다고 이야기한다. 우리의 정신은 오직 우리가 살아가는 이 세상에서 일어나는 상황과 관련해서만 의미 있는 판단을 내릴 수 있다. 그러므로 이반은 하느님께서 존재한다는 것, 심지어 하느님의 영원한 계획이 완성될 때 완전한 평화와 완전한 행복을 누린다는 것을 믿는다고 이야기한다. 이반이 받아들일 수 없는 것은 이 세계, 즉 창조세계다.

여기서 이반(혹은 도스토예프스키)의 삐딱함은 탁월하고 빛을 발한다. 그는 자신의 견해를 단순한 불신자의 주장이 아닌 반역자의 주장으로 만든다. 이반은 말한다.

나는 어린아이처럼 굳게 믿고 있어. 즉 언젠가는 온갖 고통도 아물어 사라질 것이고, 인간 모순이 빚어내는 이 굴욕적인 희극도 모두 초라한 신기루처럼, 또한 하나의 원자같이 무력하고 미미한 유클리드적 인간 이성이 만들어낸 추악한 허상처럼 사라질 것이며, 마침내 이 세계의 장엄한 대단원에 이르러 영원한 조화의 순간이 오면 지극한 고귀한 무엇인가가 일어나고 출현하여 모든 가슴을 가득 채우고, 모든 분노를 달래주고, 인간의 모든 악행과 그들이 흘리게 한 모든 피를 충분히 보상해주고, 그리하여 인간들에게 있었던 모든 일을 용서해줄 뿐만 아니라 그 모든 것을 정당화해주기에도 충분할 거라고 말이다.

하지만, 그는 여전히 하느님께서 만든 세계, 그리고 하느님께서 세계와 이루는 궁극적인 조화를 거부한다. 이반은 자신이 기질적으로 감상주의자가 아니며 자신의 이웃을 사랑하는 일을 어려워한다는 것을 인정한다. 그의 양심이 진정으로 견딜 수 없는 것은 하느님께서 자신의 뜻, 만물의 궁극적인 행복을 이루어 내기 위해 인류가 치러야 할 대가다.

자신의 불만을 해명하기 위해 이반은 (주로) 아이들이 고문받은 일, 살해당한 일과 같은 음울하고 무자비한 이야기를 들려준다. 이 이야기들은 도스토예프스키가 신문과 이곳저곳에서 모은 실제 사건들이다.

불가리아에서는 터키인들과 체르케스인들이 슬라브인들의 집단봉기를 두려워해서 어디서든 악행을 저지르는데 상상도 할수 없는 온갖 짓을 자행한다는 거야. ... 터키인들은 관능적인 쾌감마저 느끼면서 아이들을 괴롭혔다는데, 칼로 어머니의 배를 갈라 태아를 끄집어내는 일쯤은 아무것도 아니고, 어머니들의 눈앞에서 젖먹이들을 위로 획 집어 던졌다가 총검으로 받기까지 했다는 거야. 어머니들 눈앞에서 그런 짓을 한다는 데 무엇보다 큰 쾌감을 느꼈던 거지. ... 상상해봐. 후들후들 떠는 어머니의 팔에 젖먹이가 안겨 있고, 그곳을 침입한 터키인들이 그 주위를 에워싸고 있어. 그들은 재미있는 장난 하나를 생각해냈지. 놈들은 아이를 웃기려고 열심히 어르고 웃고 해서 드디어 성공해 아이가 웃기 시작했어. 바로 그 순간 터키 놈 하나가 아이 얼굴에서 불과 4베르쇼크(약 20센티미터)떨어진 데서 아이에게 권총을 겨누지. 아이가 즐겁게 까르르대면서 권총을 잡으려고 고사리손을 내밀 때 갑자기 이 예술가가 아이의 얼굴한복판에 방아쇠를 당겨 그 조그만 머리를 박살 내는 거야.

또 이반은 어느 "대단히 존경할 만하고 관직도 높은 데다 ... 교양도 있는" 부부와 다섯 살 난 딸에 관한 이야기도 전한다.

다섯 살배기 계집아이에게 이 교양 있는 부모는 온갖 고문을 가했어. 왜 그러는지 자기들도 모르면서 아이를 때리고 매질하고 발로 걷어차고 온몸을 시퍼렇게 멍투성이로 만들어주다가, 마침내 최고로 세련된 방법에 이르게 됐지. 얼음이 꽝꽝 어는 엄동설한에 아이를 밤새 뒷간에 가둬둔 거야. 그것도 단지 아이가 밤중에 뒷간에 가고 싶다는 말을 안 했다는 이유로. 그 벌로 아이의 온 얼굴에다 아이의 대변을 처바르고 그 대변을 억지로 먹였어. 어미가, 어미가 그걸 강요했다고!

이반은 어둡고 추운 곳에서 저 아이가 조그만 주먹으로 가슴을 치며 "자비로운 예수님"께 자기를 보호해 달라고, 피눈물을 흘리며 애원하는 모습을 상상해 보라고 알료샤에게 말한다. 그리고 과연 무엇(이를테면 선과 악에 대한 지식)이 이 아이의 고통이라는 암울하고 악랄한 부조리에 견줄 만한 가치가 있느냐고 묻는다. 이어서 그는 여덟 살 난 어린이 농노에 관한 이야기를 알료샤에게 들려준다.

하루는 … 아이가 놀다가 어떻게 돌을 던진다는 게 그만 장군이 제일 아끼는 사냥개의 다리에 상처를 내고 만 거야. "어찌하여 나의 애견이 다리를 저느냐?" 그래서 바로 이 소년이 개한테 돌을 던져 다리를 다치게 했다고 고했지. "아, 네놈 짓이로구나" 하며 장군이 소년을 훑어 보았어. "저놈을 잡아라!" 소년은 잡혔지. 어머니한테서 잡아 와 밤새 구류간에 가둬두었는데 날이 밝기 무섭게 장군이 사냥 나갈 채비를 완전히 갖추고 나와서 말에 올라탔고, 식객들, 개들, 사냥개 지기들, 그리고 하나같이 말을 탄 몰이꾼들이 호위하듯 아이를 에워쌌어. 본보기를 보여주려고 행랑채의 하인들을 죄다 불러모았는데, 맨 앞에는 죄를 저지른 아이의 어머니가 서 있었어. 소년이 구류간에서 끌려 나왔어. 안개가 낀 스산하고 추운 가을날이어서 사냥하기에 아주 제격인 날씨였지. 장군은 아이의 옷을 벗기라고 명령했고, 완전히 벌거숭이가 된 아이는 덜덜 떨면서 공포에 질려 멍해진 채 감히 찍소리도 못냈지. ... "저놈을 내몰아라!" 장군이 호령해. "달려, 달려!" 사냥개 지기들이 소년에게 소리치고, 소년은 달리는 거야. ... 장군이 소년을 향해 날쌘 사냥개 무리를 한꺼번에 풀어놓았지. 어머니가 보는 앞에서 소년을 쫓게 했고, 개들은 아이를 갈기갈기 찢어버리고 말았어.

유한한 유클리드 기하학의 정신이 이러한 일들을 어떻게 이해할 수 있을까? 도덕적 진실함을 갖고 있다면 현재와는 완전히 다른 현실에서 정의가 이루어진다는 이유로, 그 미래를 약속받았다는 이유로 저 사건들에 대한 분노를 미룰 수는 없다. 이반은 궁극적인 조화를 보고 싶어 한다. 왜 그런 끔찍한 일들이 일어날 수밖에 없었는지에 대한 설명을 듣고 싶어 한다. 하지만 그렇다고 이에 동의하고자 하지는 않는다. 어느 정도 죄에 대한 응징이라는 측면에서 인간 연대의 원리를 받아들이지만, 아이들의 고난을 나머지 없는 최후의 방정식으로 계산해낼 수는 없기 때문이다.

이반의 주장이 참신하면서 충격적인 이유는 그가 단순히 하느님을 향해 무고한 이들을 구하지 못한다고 비난하지 않기 때문이다. 분명, 이반은 하느님께서 그들을 구원할 수 있음을, 부분적으로는 순전한 부조리에서 그들을 구해내 만물의 궁극적 행복을 이루는 데 그들이 어떤 역할을 하는지 보여줄 수 있음을 인정한다. 하지만 바로 그렇기에 이반은 도덕적인 이유로 (자신이 이해한) 구원 그 자체를 거부한다. 그는 그러한 구원에 수반되는 모든 것, 즉 무고한 이들(아이들)의 고통을 의미 있게 만들거나, 필연적인 일로 만드는 모든 것을 거부한다. 다시 한번 강조하자면, 이반은 언젠가는 영원한 조화가 이루어짐을, 아이들의 고난이 왜 필요했는지를 우리가 알게 될 것임을 인정한다.

하늘 위와 땅 밑에 있는 모든 것이 하나의 찬미하는 목소리로 합쳐지고, 살아있는 모든 것과 전에 살았던 모든 것이 "당신이 옳으시나이다, 주님, 이는 당신의 길이 열렸기 때문이옵니다!" 라고 소리 높여 외칠 때, 이 우주가 얼마나 크게 진동하게 될지, 나는 잘 알고 있어. 개떼를 풀어 아들을 갈기갈기 찢어놓은 박해자와 아이의 어머니가 얼싸안고 셋이서 함께 눈물을 흘리면서, "주님, 당신이 옳으시나이다"라고 소리 높여 외칠 때, 그대는 물론 인식의 영광스러운 승리가 이미 도래하여 모든 것이 분명하게 해명되겠지.

그때 어머니들은 자식들을 살해한 이들을 용서할 것이다. 개에게 죽임당한 아이와 아이의 어머니, 그들의 주인이 화해하게 될 것이다. 모든 악이 해명될 것이며 만물은 하느님의 정의를 찬양할 것이다. 어쩌면 사악한 이들이 지옥에 떨어짐으로써 고난과 형벌의 균형이 맞게 될 수도 있다(비록 이반은 피해자가 '이미' 고통을 겪었는데 설령 가해자들이 영원토록 형벌을 받는다 한들 어떻게 그 둘이 궁극적으로 조화를 이루게 되는지 의심을 품고 있지만 말이다). 그러나 이반은 그러한 대가를 치르고 얻는 조화, 궁극적 진리에 대한 지식을 원하지 않는다.

> 아이들의 고통이 진리를 사기 위해 반드시 치러야 할 고통의 총량을 채우는 데 쓰였다면, 미리 단언하지만, 모든 진리를 다 합쳐도 그만한 값어치는 안 돼. … 나는 조화 따위는 원치 않아. 인류에 대한 사랑 때문에 원치 않는 거야.

그는 진실로 용서를 원하지 않는다.

> 궁극적으로 나는, 개떼를 풀어 아들을 갈기갈기 찢어 죽인 그 박해자를 그 아이의 어머니가 얼싸안는 걸 원치 않아! 어머니가 감히 그자를 용서해선 안 돼! … 갈기갈기 찢겨 죽은 자기 아이의 고통에 대해서는 어머니도 용서해 줄 권리가 없고, 설령 아이 자신이 그 박해자를 용서한다 하더라도, 어머니는 감

히 그놈을 용서해선 안 돼!

이반은 모든 일에 하느님의 뜻이 있다는 생각, 모든 일을 하느님께서 설계했다는 생각을 부정하지 않는다. 다만 그는 (정중하게) 하느님 나라로 들어가는 입장권을 반납하기로 선택했을 뿐이다. 그리고 묻는다. '만물의 보편적이고 궁극적인 행복을 위해 한 작은 생명체를 고문하여 죽인다면 과연 이를 받아들일 수 있는가? 그러한 대가를 용인할 수 있는가?'

이반의 담론(그는 자신이 던진 질문에 대답을 들을 필요가 없다는 듯이어서 "대심문관"이라는 "서사시"를 읊는다)은 그리스도인이 진정 숙고해야 할 만한 가치가 있으며 깊은 성찰을 요구하는 유일한 질문, 하느님의 선함에 대한 유일한 도전이다. 도스토예프스키가 이반이라는 인물을 통해 구축한 논의를 무시하거나 회피하는 그리스도인은 그 논의에 담긴 깊이를 온전히 헤아리지 못한 것이다(아니면 어느 정도 알기는 했으나, 그리스도를 통해 드러난 하느님을 전혀 이해하지 못한다고 할 수 있을 정도로 타락한 그리스도교의 가르침만을 고수하는 것이다). 그리스도인이 이 논의의 중요성, 중대함을 헤아려야만 하는 이유는 이반의 이야기가 근본적으로 그리스도인의 주장, 그것도 예언자의 울림을 지닌 주장이기 때문이다. 그가 역사와 관련된 하느님의 목적을 비난할 때 그 안에는 그 비난에 대한 더 깊은 그리스도교의 응답이 이미 암시되어 있다. 이반은 하느님의 창조 질서(그렇기에 구원의 질서)에 대한 참된 반란을 상상한다. 이는 어둡지만, 동시에 웅장하다. 그는 마치 프로메테우스처럼, 혹은 낭만주의, 영지주의에서 그리는 영웅처럼 대담하게 이 세상을 통제하는 신보다 더 높고 순수한, 인간 영혼에 깃든 어떤 불꽃을 우리에게 보여준다. 이러한 방식으로 그는 인간이 "(타락한) 우주의 영적 세력들"*과 율법의 권세로부터 우리가 자유롭다는 복음의 경이로운 선언이 울려 퍼지게 한다. 이러한 맥락에서 대심문관 이야기는 그리스도, 즉 인류 역사의 내적 원리를 개의치 않는 하느님으로 인류 역사에 들어와 (극소수를 제외하고) 자유를 받아들일 능력이 없는 방탕하고 방종한 피조물들 가운데 자유가 싹트게 함으로써 인류 역사의 가장 근본적인 흐름을 바꾼 참된 "반역자"인 그리스도를 칭송하는 기이한 성가다.

그러나 대심문관 이야기는 이반의 선언에 대한 응답이 무엇인지를 흐릿하게 보여주는 일종의 전조다. 이후 수백 쪽에 걸쳐 도스토예프스키는 더 온전한 대답을 제시한다. 일부 비평가들

---

* 해당 구절의 원문인 "타 스토이케이아 투 코스무"τὰ στοιχεῖα τοῦ κόσμου가 정확히 무엇을 가리키는지에 대해서는 오랜 기간 열띤 토론이 있었다. 한국 개역개정은 "이 세상의 초등학문"으로, 새번역은 "세상의 유치한 교훈"으로 번역했으나 벤틀리 하트는 "이 세대"와 "다가올 세대"에 대한 바울의 신학적 관점과 "권세의 천신들과 세력의 천신들"에 대한 그리스도의 궁극적 승리라는 관점에서 "우주의 영적 세력들"이라는 뜻에 더 가깝다고 해석한다. David Bentley Hart, *The New Testament: A Translation*, 319 참조. 이 용어는 2부에 반복해서 등장하는 중요개념이다. 하트는 고난과 악이 존재하는 이 세상은 창조된 본래의 세상이 아니라 평화와 선에서 타락한 세상이라는 사실을 강조하며, 이에 대한 고려 없이는 고난과 악에 대한 그리스도교적 이해는 불가능하다고 주장한다.

은 도스토예프스키가 만족스러운 답을 제시하지 못했다고 여긴다(나는 그들이 잘못 이해했다고 생각한다). 그리고 도스토예프스키가 대답을 제시하고 있다고 여기는 이들조차 그 대답이 얼마나 근본적인 대답인지를 이해하지 못하는 경우가 많다. 이반이 던진 질문이 얼마나 근본적인지를 이해하지 못했기 때문이다. 어떤 경우든, 이반의 주장은 그리스도인에게 영적 정화의 기회를 제공한다. 그의 주장은 종말론에 바탕을 둔 희망을 진보, 사회적, 과학적 낙관주의와 혼동했던 19세기 자유주의 개신교(반半-헤겔주의 신학semi-Hegelian theology)의 흔적, 유신론적 결정론자theistic determinist들의 완고한 숙명론, 그리고 확신에 찬 합리적 신정론이라는 얼룩, 모호한 이신론으로 경솔하게 피신하는 많은 그리스도인의 잘못된 습관을 깨끗이 씻어낸다.

이러한 맥락에서 이반은 "반대의 모습으로 드러난" 그리스도인이며 그렇기에 그의 주장은 결국 그리스도인의 주장이다. 그의 주장은 모든 일이 정당성을 지닌다는 신자들의 안일한 믿음을 분쇄하고 복음의 더 복잡하고 "전복적이며" 장엄한 신학을 다시금 주목하게 만들기 때문이다. 악, 무고한 이들의 고난에 대한 설명을 향한 이반의 분노는 그리스도인의 양심에서 나온 것이다. 그러므로 (비록 이반은 이를 받아들일 수 없다 하더라도) 그의 분노의 중심에는 자연과 역사의 핵심을 산산이 부수고 다시 새롭게 만든 하나의 빈 무덤이 있다. 바로 이 때문에 이반의 분노와 고뇌에는 볼테르에게서 볼 수 없는 심오함이 있다. 다시 강조하지만, 볼테르의 분노는 그리스도교 신앙에 대한 근본적인 도전이 되지 못한다. 그의 분노가 향하는 대상은 그리스도교의 하느님이 아니라 우주의 균형을 이루는 윤리적 이신론자의 신이기 때문이다. 그러나 도스토예프스키의 분노는 이와 완전히 다르다. 볼테르는 도덕이라는 관점으로는 고난과 죽음의 역사를 이해할 수 없다는 끔찍한 진실만을 본다. 하지만 도스토예프스키는 도덕이라는 관점으로 고난과 죽음의 역사가 이해된다면 이는 훨씬 더 끔찍한 일임을 본다. 바로 이 점에서 도스토예프스키는 특별한 도덕적 감수성을 지닌 작가, 현실에 대한 참된 그리스도교적 관점이 무엇인지를 보여주는 작가다.

제2부 **하느님의 승리**

하느님의 승리

|

너무 거대하고 모호하며 추상적인 질문이라 무의미해 보이기까지 한 질문을 하나 던져보자. '자연'nature, '자연 세계'nature world란 무엇인가? 이 말들은 어떤 정서적 힘을 갖고 있다. 이 말들을 들었을 때 우리는 설명할 수 없으며 모호한, 여러 생각과 감정이 뒤섞인 경건함에 휩싸인다. 우리는 '자연'을 빌려 이런저런 가치를 구성한다. 그렇기에 '자연'은 논쟁의 여지가 없으면서도 동시에 무한히 변형 가능한 말이다. 그리고 자연은 명령보다는 제안의 성격을 지니고 있다. 누군가에게 자연스러운 삶, 자연을 따르는 행동은 곧 지혜롭고, 분별력 있는 삶, 귀감이 될만한 행동을 뜻한다. 하지만 누군가에게 자연스러운 삶이란 (별다른 생각 없

이) 일정한 재화를 소유한 채 자신이 선호하는 특정한 제품을 규칙적으로 사들이고 소비하는 삶에 지나지 않는다. 하지만, 현대 과학 시대에서 자라나 과학이 지배하는 형이상학적 신앙주의 metaphysical fideism에 세뇌당한 우리 대다수는 자연을 우리에게 도덕적 진리를 설득력 있게 알려주는 원천으로 보지 않는다. 자연은 그 본질상 중립적이며 (자연을 움직이고 형성하는 힘은 순전히 물질의 역동들이 얽히며 만들어낸 조합에 지나지 않기에) 정신을 결여하고 있다고 본다. 고대의 종교적 지혜(혹은 상상한 고대의 종교적 지혜)를 따라 살려 노력하다 실패하는 소수를 제외하면, 우리는 자연 세계를 숭앙하지 않는다. 달리 말하면, 눈에 보이는 자연의 이면, 혹은 배후에 어떤 신비한 힘이 있다고 여기지 않고 두려움 가운데 그 힘에 다가가려 하지 않는다. 온갖 동물과 식물들로 이루어진 영역을 보이지 않는, 태초부터 존재하며, 자신의 뜻을 내비치는 지성이 출몰하는 곳, 그래서 어떤 의식으로 그 지성을 달래거나 액을 막는 부적을 써야 하는 곳으로 여기지 않는다. 숲을 지나거나 황무지를 걸을 때 우리는 어떤 악령이 출몰할까, 짓궂은 요정이 우리를 바라볼까, 그곳을 지키는 수호신의 기분을 자칫 상하게 하지 않을까 염려하지 않는다. 우리에게 포도나무는 '신'이 아니며 냇물은 '바다의 왕'의 딸이 아니다. 간단히 말해, 세계는 그러한 방식으로 살아 있지 않다. 세계는 우리에게 말을 건네지 못하고 우리의 말을 듣지 못한다. 오늘날 세계는 "탈주술화"된 세계, 신성과 정령이 쫓겨난 세계다. 이러한 세계에 목적이란 존재하지 않는다. 이 세계에서 일어나는 일은 모두 우연한 원인에서 나오는 필연적 결과, 혹은 그 결과들의 연속체일 뿐이다.

우리의 선조들이 자연의 자비에 기대어 살았다면, 우리는 자연을 지배한다. 의학, 기술을 통해 자연의 모든 영역을 포괄적으로 다스린다. '자연'에서 멀리 떨어진 채, '자연'을 온순하게 만든다. 이는 전례 없는 사치다. 우리는 자연을 따라 살지 않으며 자연이 우리를 따라, 우리의 쾌락을 따라 살게 한다. 우리가 자연 가운데 사는 것이 아니라 자연이 우리 가운데 사는 것이다. 심지어 우리는 자유롭게 자연 주위에 텅 빈 성스러움의 베일을 짜 두른 뒤 이를 감상하고 낭만화하기까지 한다. 질병, 노화, 혹은 무작위적인 폭력이 우리를 좌절시키는 순간까지, 혹은 화재, 홍수, 폭풍, 화산 폭발 또는 지진이 우리의 방어선을 뛰어넘어 당혹게 하는 순간까지 말이다. 그런 순간이 들이닥쳤을 때 우리는 자연의 힘, 강렬함, 숭고하다는 생각이 들 정도의 무심함에 소스라치게 놀라고 두려움을 느낀다. 하지만 그러한 순간에도 우리는 자연을 '증오'하지는 않는다. 이 자연은 사랑, 경외, 두려움, 증오 모두를 (돌이킬 수 없을 정도로) 제거해 낸, 탈주술화된 세계이기 때문이다. 우리에게 근본적으로 자연은 내적으로 일관된 단일한 사물이다. 때로는 아름답고 매력적이라고, 때로는 끔찍하고 냉혹하다고, 그리하여 풍성하면서도 동시에 파괴적이라고 여기기는 하나 자연이 어떤 뜻이나 의지나 지성에 의해 움직인다고 생각하지는 않는다. 우리에게 자연은 순전한 사실이다.

(근대성의 계보에 대한 논쟁에서) 세계가 탈주술화 혹은 '탈신성화'desacralization된 것은 그리스도교가 발흥했기 때문이라는 주장은 오랫동안 인기를 얻었고 어떤 측면에서는 옳다. 유일한 초월자인 하느님의 통치 아래, 옛 '신들'은 힘을 잃었고 신탁은 기능을 상실했으며, 신전은 무너졌다. 그리스도교는 인간의 눈과 마음을 만물을 살게 하고, 움직이며, 존재하게 하는 한 분 하느님을 향하게 함으로써 우주와 자연의 "권세자들"에게 지배를 받고 있던 인간의 상상력을 해방했다. 또한, 그리스도교는 세계가 (그리고 세계에 내재한 모든 힘이) 한 분 하느님의 뜻, 그분의 창조 및 구원 의지가 작용하는 작품임을 드러냈다. 하지만, 그렇다고 해서 고대 후기, 더 나아가 중세 전기와 전성기에도 그리스도교는 초자연이라는 세계를 들어내지 않았다. 옛 신들을 순전히 신화로만 간주하지도 않았다. 그보다는 교회가 고대의 힘들을 제압해 구원받은 창조 질서 속 적절한 위치로 내려보냄으로써 고대의 우주론을 전복했다고 말하는 편이 더 진실에 가깝다. 토마스 아퀴나스는 말했다.

모든 물질적인 것은 천사들이 다스린다Omnia corporalia regentur per Angelos. *

---

* 토마스 아퀴나스의 『신학대전』Summa Theologiae 중 제110문제에 나오는 말이다. 『신학대전』(바오로딸)

이는 오랜 그리스도교 전통, 특별히 디오니시우스 아레오파기타 Dionysius the Areopagite*가 명료하게 밝힌 지혜를 되풀이 한 말에 지나지 않는다.

　동방과 서방 가톨릭 그리스도교는 모든 측면에서 생기 있고 생동하는 지성으로 가득 찬 세계에 대한 고대의 통찰을 폐기하지 않았다. 가톨릭 그리스도교는 창조세계의 핵심에 자리한 원동력을 물질의 인과 관계라는 비이성적 동력이 아닌 영적 지성과 욕망의 자기 초월 운동으로 보았다. 그리스도인들은 하느님의 선을 향한 만물의 열망이 전체 우주를 전진케 한다고, 모든 물리 운동, 그리고 영적 운동의 원리는 (단테의 『신곡』La Divina Commedia '천국' 편의 대미를 장식하는 표현을 빌리면) "태양과 별들을 움직이는 사랑"이라고 믿었다. 근대적인 의미에서의 '자연'에 대한 상상은 이때까지 떠오르지 않았다. 앞서 말했지만, 이 자연은 폐쇄적인 인과 관계의 연속체다. 유신론자들에게 이 자연은 (세계에 부재하는) 신이 만든 복잡한 제작물이며 무신론자들에게 이

---

* 디오니시우스 아레오파기타는 5세기에서 6세기 사이에 활동한 것으로 추정되는 동방 그리스도교 신학자로 위僞디오니시우스Pseudo-Dionysius라고도 불린다. 중세까지는 바울의 제자로 알려졌으나 르네상스 시기 본격적으로 문제가 제기된 후 1세기 인물이 아닌 것으로 판명되었다(그래서 위僞디오니시우스라 불린다). 532년 콘스탄티노플 공의회에서 처음 소개되었고 고백자 막시무스Maximus Confessor, 요하네스 스코투스 에리우게나Johannes Scotus Eriugena가 그의 저술들을 번역한 것을 계기로 동방과 서방 그리스도교 신학 모두에 커다란 영향을 미쳤다. 후기 신플라톤주의 사상을 받아들여 본격적인 그리스도교 신비주의 사상, 부정신학을 전개한 인물로 평가받는다.

자연은 순전히 우연한 사건이다. 유신론자들은 하느님께서 세계를 초월한다는 것을 그저 신이 세계에 부재한다는 것으로 이해했으며, 무신론자들은 어떤 신이든 없다는 것을 유일한 '초월적' 진리로 받아들였다. 바로 이 때문에 근대에는 특별한 형태의 '자연신학'natural theology이 탄생했다. 이 자연신학은 오직 설계하는 지성의 존재 여부에만, 정교하고 복잡한 세계에서 이를 설계한 신의 흔적을 발견하는 것에만 관심을 기울인다.

그러나 우주라는 기계와 이를 만든 신적 장인의 노골적인 인과 관계를 중심으로 신학을 구성하는 일, 둘 사이에 어떤 유비가 있다고 이야기하는 일은 신학자들에게 지극히 해롭다. 자연의 내적 원리는 결국 어떤 장인을 선언하는가? 자연 세계는 그 화려함, 아름다움, 광대함과 연약함, 헤아릴 수 없는 다양성, 거대함과 섬세함, 달콤함과 영광, 미세한 복잡성과 헤아릴 수 없는 웅장함으로 우리를 압도한다. 무지갯빛으로 빛나는 꽃이 핀 목초지, 에메랄드 빛을 내는 울창한 숲, 부드럽고 깨끗한 푸르름을 뽐내는 산들, 햇빛을 반사해 눈부시게 빛나는 바다, 순간 빛을 내는 창백하고도 차가운 별들에서 언뜻 보이는 신을 경외하기란 쉬운 일이며 이는 영혼 가장 깊은 곳에서 일어나는 운동 중 하나다. 이러한 충동은 너무나도 현명해 거룩한 충동이라고도 할 수 있을 정도다.

그러나 동시에 이토록 놀랍고 사랑스러우며 매력적인 자연 세계는 어디서나 죽음을 수반하며, 죽음으로 보존되는 세계다.

모든 생명체는 생명체를 먹음으로써(죽임으로써) 생명을 유지한다. 각 생물은 제때 다른 생물에게 자신의 자리를 양보해야 한다. 자연의 중심에는 다른 존재의 희생을 대가로 생존을 유지하고 번식하는 끊임없는 투쟁이 있다. 자연 세계는 자신이 낳은 모든 것의 죽음을 자신의 자양분으로 삼는, 끔찍하고 무정한 장엄함으로 만물을 창조하고 또 집어삼키는 하나의 단일한 거대 유기체다. 우주 전체가 하나의 거대한 포식자인 것이다.

자연은 너무나도 장엄하게 우리를 허비해 버린다. 그렇기에 삶이란 근본적으로 끝없는 고통이며 비참하다고 생각하기란 (자연의 아름다움을 보고 신을 동경하는 것만큼이나) 그리 어려운 일이 아니다. "아래로부터" 자연이라는 체계를 들여다보라. 풍성하게 꽃을 피우면서도 다른 무언가에 기생하는 덩굴 식물은 유기체 세계 전체를 움직이고 생기를 불어넣고 형성하는 힘을 거의 완벽하게 보여주는 전형이다. 이 식물은 (어리석어 보일 만큼 맹목적이고 공격적인 향일성向日性, heliotropism에 의해) 빛을 갈망하며 응달에서 벗어나고자 끊임없이 몸부림친다. 그렇게 덩굴 식물은 덩굴손들이 휘감은 나뭇가지(자신이 기생한 나무)를 부풀려 천천히 질식시켜 죽이고 태양 빛을 향해 올라간다. 그리고 마침내 지극히 화려하고 풍성한, 이 아름다움이 가능하기 위해 무엇이 사라져야 했는지를 잊게 할 정도로 아름다운 꽃을 피운다. 어떠한 식으로 해석하든 우리가 알고 있는 우주는 삶과 죽음이라는 고리에 묶인 폐쇄적인 체계다. 이는 지질학적인 측면에서도 사실이다.

볼테르는 지극히 회의적인 태도로 신정론을 주장하는 이들을 향해 묻는다.

> 만물을 만들고, 만물을 알고, 만물을 창조한 영원한 원인이 우
> 리 발아래 화산을 만들지 않고서는 우리를 저 비참한 곳에 던
> 져 넣을 수 없었을 것이라고 당신은 확신하는가!

이미 널리 알려진 바지만, 저 신이 이신론자들이 믿듯 시계 제조공 신이라면 그 대답은 정해져 있다. 화산이 필요하다는 것이다. 화산, 화산을 만드는 데 필요한 (불안정한) 지질판, 이 지질판의 불안정성에서 나오는 지진파, 지구의 맨틀을 형성하는 불의 바다가 없었다면 이 행성은 육지의 생명체를 배양하고 보호해 주는 대기를 생산하고 유지할 수 없었을 뿐만 아니라 토양이 그렇게 비옥하지도 못했을 것이며 온도의 범위도 지금처럼 고르지 못했을 것이다. 실로 아이러니하게도 인도양 북동쪽 가장자리에 있는 놀랍도록 비옥하고 아름다운 섬들은 수천 년 동안 일어난 화산 활동과 지각 충돌의 결과물이다.

　그렇다면 순수한 '자연' 신학이 그리는 신은 어떤 신일까? 아마도 자신의 힘과 뜻이 종속된 신, 특정한 논리적 가능성이라는 엄격한 제약 안에서만 자신의 선한 목적을 실현하는 신, 즉 합리적 신정론의 신일 것이다. 혹은 숭고함 그 자체, 쿠루 평원에서 아르주나가 본 비슈누Vishnu처럼 창조자이면서 동시에 파괴자인

신일지 모른다. 아니면 그저 예측할 수 없고 기괴한 힘일 수도 있다. 『모비 딕』Moby Dick에서 에이해브Ahab 선장은 말한다.

> 눈에 보이는 것은 모두 판지로 만든 가면일 뿐이야. 하지만 어떤 경우든 ... 그 엉터리 같은 가면 뒤에서 뭔가 이성으로는 알지 못하는, 그러나 합리적인 무엇이 얼굴을 내미는 법이지.*

에이해브에 따르면 이 무언가는 "헤아릴 수 없는 악의"와 결합한 "잔인무도한 힘"이다.

어떻게 보든, 냉정하게 말하면 자연은 희생의 순환이고 종교는 인간을 그러한 현실과 화해시키려는 시도에 지나지 않는다. 이성을 지닌 존재로서 우리는 우리의 본성 안에 이 끊임없는 우주의 순환 고리에서 우리를 떼어놓는 영적 존엄, 자유, 혹은 이상異常이 있음을 의식한다. 이는 우리를 역사적 존재로 만들고 과거와 미래를 의식하는 짐, 불안과 슬픔이라는 짐을 우리에게 지운다. 희생 제의와 신화는 (종종) 우리를 저 만물의 영원한 질서로 편입시켜 저 질서로부터 멀어짐으로 인해 생기는 비탄(불안과 슬픔)을 누그러뜨린다. 현실이 희생의 순환으로 이루어져 있다는 사실에 대한 깨달음은 신을 희생 그 자체로, 삶과 죽음이 겹쳐 있는 존재로, 평화를 이루면서도 폭력적인, 만물을 창

---

* 『모비 딕』 제36장 '뒷갑판'에서 에이해브가 하는 말이다. 『모비 딕』(작가정신)

조하는 근원이면서도 만물을 파괴하는 종말을 이끄는 존재로 그리게 한다. 이는 꽤 합리적인 생각이며 종교 사상이 정교한 형이상학적 세련미를 갖춘 형태가 되었을 때 대체로 이러한 결론에 이른다. 힌두교가 그 대표적인 예다. 힌두교가 얼마나 탁월한 '종교'인지를 가장 잘 보여주는 경전은 『바가바드 기타』일 것이다. 여기서 그리는 영광스러운 신(물론 이것이 기타Gita에서 노래하는 신의 전부는 아니다)은 지금까지 어떤 '종교'가 그린 절대자로서의 신보다도 완벽하고 경건하다. 힌두교의 서사시인 「마하바라타」 Mahabharata에서 (이 서사시에서 가장 큰 감동을 일으키는 비극적 인물인) 카르나Karna는 (두 왕족 세력인) 판다바와 카우라바의 전쟁으로 (자기편만) 6백만 명의 시신들로 뒤덮인 쿠루 평원을 보며 이를 희생물로 가득 찬 거대한 식탁이라고 말한다. 그의 관찰은 쓰라림으로 가득하지만 불경하지는 않다. 전쟁에서, 그리고 수백만의 죽음에서 신의 얼굴을 보는 것은 아름답고 다양하기 그지없는 자연 세계를 보며 신 존재를 감지하는 것만큼이나 단순한 종교적 지혜다. 자연뿐만 아니라 역사에서도 인간은 성스러운 것을 인식할 수 있다.

그러나 그리스도교에서 제시하는 하느님과 세계, 창조세계가 하느님을 어떻게 반영하는지에 대한 그리스도교의 설명은 이 (여타 종교들 및 이신론이 제시하는 신과 세계, 그리고 이에 관한 설명, 위와 같이 생명과 죽음이 공존하는 곳에서 신을 보는 합리적 신학, 순전한 자연신학)와는 전혀 다르다. 분명, 그리스도인은 만물 안에서 하느님의 영광을 보고 이를 기뻐한다. 하지만 이 영광은 우리가 이해하는 '자연'의 차원, 혹은 이 세계의 논리에 부합하는 영광이 아니다. 이 영광은 '자연'이라는 범주를 신비로운 것으로 만들고 고양하며 다시 새롭게 만든다. (성서의 언어를 빌려 다시 말하면) 하느님의 영광은 '자연'이라는 범주를 심판하고 구속한다. 바로 이 차이가 그리스도교적 믿음에 대한 도덕적 회의주의를 가능케 한다. 그리고 도스토예프스키처럼 강렬한 그리스도교 정신을 소유한 이만이 이 회의주의를 가장 깊은 곳까지 밀어붙일 수 있다. 이러한 적극적인 불신앙의 대상이 될 만한 신, 불신앙의 노력을 기울일 만한 신은 그리스도교가 선포하는 무한한 사랑의 하느님 말고는 없다. 그러한 면에서 저 심오한 회의주의는 복음의 빛이 드리운 그림자이자 그리스도교가 선포한 영적, 도덕적 자유의 메아리다. 반역을 도모한 회의주의자는 본의 아니게 하느님에 대한 (비록 신앙faith은 아니지만) '믿음'belief을 고백한 것이다.

ll

요한의 첫째 편지는 말한다.

하느님은 사랑이십니다. 사랑 안에 있는 사람은 하느님 안에
있으며 하느님께서는 그 사람 안에 계십니다. (1요한 4:16)

동방 정교회와 서방 가톨릭의 그리스도교 형이상학 전통에서 하
느님은 선하실 뿐 아니라 선 그 자체이며, 참되고 아름다우실 뿐
아니라 무한한 진리이며 아름다움 그 자체다. 만물의 근원이자
목적이며 모든 존재의 무한한 원천이신 하느님 안에서 모든 초
월적 완전성은 하나다. 그러므로 하느님에게서 나오는 모든 것
은 참되고 선하고 아름답다. 그분은 존재의 유일한 근원이시므
로, 달리 말하면 모든 유한한 존재를 넘어선 (동시에 모든 유한한
존재를 존재케 하는) 초월적 풍요로움 가운데 계신 존재 그 자체이
므로 존재하는 모든 것은, 그것이 존재하는 한, 전적으로 사랑
받을 가치가 있다. 그렇기에 그리스도인은 창조 질서에서 저 하
느님의 사랑과 선함을 발견하도록 요청받는다. 성 보나벤투라St.
Bonaventure*는 말했다.

---

* 성 보나벤투라, 혹은 조반니 디 피단차Giovanni di Fidanza(1217?~1274)는 중
세 가톨릭 사제이자 신학자다. 1238년 작은형제회(프란치스코회) 수도사
가 되었으며 파리에서 신학을 공부했고 1248년부터 1257년까지 파리
대학교에서 신학과 성서를 가르쳤다. 이후 작은형제회 총장, 알비노의
추기경으로 활동했다. 당시 아랍 문명권에서 유럽 문명권에 들어온 아
리스토텔레스의 사상, 이 사상에 바탕을 둔 신학으로부터 기존 플라톤

그러므로 누구든 피조물들의 아름다움을 보고도 깨닫지 못하는 사람은 장님과 다름없고, 누구든 그렇게 큰 외침에도 깨어나지 못하면 귀머거리와 같다. 누구든 하느님의 이러한 결과물을 찬미하지 않는 사람은 벙어리와 다름없고, 누구든 이렇게 뚜렷한 증거로도 제일 원리를 깨닫지 못하는 사람은 바보와 같다. 그러므로 눈을 뜨고 귀를 기울이며, 입술을 벌리고, 마음을 열어 모든 피조물에서 너의 하느님을 보고, 듣고 찬미하고, 섬기고 사랑하고 공경하며 영광을 드려 땅 전체가 그대에게 대항하여 일어나지 않게 하라.[1]

그리고 이 주제와 관련해 가장 많이 인용되는 인물인 토머스 트라헌Thomas Traherne*은 말한다.

사상에 바탕을 둔 형이상학, 교부들의 신학을 융통성 있게 옹호해 토마스 아퀴나스와 더불어 중세를 대표하는 신학자로 꼽힌다. 또한, 프란치스코회를 재건한 제2의 창립자로도 평가받는다. 주요 저서로 『6일간의 세계 창조에 대한 강연』Collationes in Hexameron(길), 『하느님께 이르는 영혼의 순례기』Itinerarium mentis in Deum(누멘), 프란치스코 전기가 있다.

[1] Bonaventure, *Itinerarium Mentis In Deum*, I, 15. 『하느님께 이르는 영혼의 순례기』(누멘)

* 토머스 트라헌(1637~1674)는 영국 성공회 사제이자 시인이다. 옥스퍼드 브레이지노스 대학에서 공부하고 1660년 사제 서품을 받았으며 이후 영주의 개인 성직자로 활동하다 30대 후반의 이른 나이에 천연두로 세상을 떠났다. 200년이 넘게 별다른 주목을 받지 못하다 1896~97년 필사본이 발견되면서 탁월한 시인이자 그리스도교 문필가, 신학자로서 새롭게 평가를 받게 되었다. 존 던John Donne, 조지 허버트George Herbert와 함께 16~17세기 영문학을 대표하는 형이상학파 시인, 성공회를 대표하는 그리스도교 문필가, 신학자로 꼽힌다.

당신이 들어서는 세계는 끝없는 다양성과 아름다움이 펼쳐지는 곳이다. 당신은 수많은 경이와 환희 가운데 자신을 잃을 수도 있다. 감탄 가운데 기쁨을 느끼며 당신은 자신을 잃고 자신을 잃음으로써 하느님을 얻는다. 이는 행복한 상실이다. 우리는 그분께서 주신 선물을 통해 그분을 보고 그분의 영광을 흠모한다.[2]

또 그는 말한다.

한 알의 모래알이 하느님의 지혜와 능력이 어떻게 드러내는지를 알기 전까지, 만물이 그분의 영광과 선함을 드러내 당신에게 도움을 준다는 것을 귀히 여기기 전까지 당신은 결코 세계를 제대로 누리지 못한다. 포도주는 ... 나의 갈증을 해소하지만 ... 포도주를 인간에게 주신 그분의 사랑으로부터 흘러나오는 것으로 보면 거룩한 천사들의 갈증도 해소된다. ... 당신이 천국에서 잠을 깨고 아버지 하느님의 궁전에 있는 자신을 발견하고 하늘과 땅과 공기를 천상의 기쁨으로 바라보는 아침을 맞이하기 전까지 당신은 결코 세상을 제대로 누리지 못한다. 바다가 당신의 혈관에 흐를 때까지는, 당신은 결코 세상을 제대로 누리지 못한다. ... 당신의 영혼이 온 세상을 가득 채우고,

2 Thomas Traherne, *The Centuries* 1:18, 27~31. 다음 책에서 재인용했다. Thomas Traherne, *Selected Poems and Prose* (Penguin Classics, 1991)

별들이 당신의 보석이 될 때까지는 … 당신이 행복해지기를 갈망하는 것만큼이나 타인이 행복하기를 갈망할 정도로 타인을 사랑하기 전까지, 하느님께서 모든 이를 선하게 대하심을 당신이 기뻐하기 전까지 당신은 결코 세상을 제대로 누리지 못한다. 세상은 무한한 아름다움을 비추는 거울이지만 아무도 이를 보지 못한다. 세상은 장엄한 신전이지만 아무도 이를 존중하지 않는다. 세상은 빛과 평화의 영역이다. 누구도 이를 뒤흔들지 못한다. 그곳은 하느님의 낙원이다.

이는 결단코 형이상학적 낙관론자의 말장난이 아니다. 신정론자들은 이 같은 놀라운 기쁨을 알지 못한다. 견실한 '자연신학'은 정의상 냉정하며 (이상적으로는) 약간 우울하다. 세상이 놀랍도록 복잡하게 설계되어 있다는 점 이상의 어떤 주장도 하지 못하며, 신이 헤아릴 수 없이 현명하고 강력한 기술자라는 것 이상의 어떤 주장도 할 수 없기 때문이다. 근본적으로 신정론은 '낙원'에 관한 이야기가 아니라 삶과 죽음의 질서(와 그 잔인함)에 관한 이야기다. 사실상 신정론의 주요 과제는 왜 낙원이 가능하지 않은지를 설명하는 데 있다. 그러나 세계에 대한 그리스도교의 가르침과 전망은 실증할 수 있는 경험에서 끌어낸 어떤 합리적 결론이 아니다. 차라리 그리스도교의 가르침과 전망은 어떤 도덕적이고 영적인 기질, 혹은 도덕적이고 영적인 노동이다. 그리스도인은 세상에서 순전한 '자연'이 아니라 더 깊은 진리를 본다(혹은 보아야만 한다). 그리고 이 진리는 낙관론이 아니라 기쁨을 낳는다.

『카라마조프가의 형제들』에는 도스토예프스키가 옵티나 수도원의 스타레츠Starets였던 암브로시Amvrosy와 여러 정교회 성인들을 본으로 삼아 창조한 인물인 조시마 스타레츠(혹은 조시마 장로elder)가 나온다. 그는 이반에 대한 일종의 (직접적인 대답은 아니라 할지라도) '답변'으로 간주된다.

좀 더 정확히 말하면, 그 인격과 가르침을 살폈을 때 조시마 스타레츠는 이반과는 전혀 다른 세계를 살고있는 것처럼 보인다(그리고 어떤 의미에서는 실제로 그렇다). 그는 창조 현실에 대하여 이반과는 근본적으로 다른 관점을 대변한다. 조시마 스타레츠는 지금 이 순간에도 자신을 둘러싼 모든 곳에서 낙원을 본다. 그는 이 낙원이 실재하며, 누구든 이를 구한다면 다가갈 수 있다고 믿는다. 여기서 질문이 생긴다. '어떻게 해야 이런 세상에서 낙원을 발견할 수 있는가?' 조시마 스타레츠는 알료샤에게 모든 인류뿐만 아니라 하느님께서 창조하신 모든 피조물을 사랑해야 한다고 말한다.

> 형제들이여, 사람들의 죄를 두려워 말고 인간이 죄악에 빠져 있을 때도 그를 사랑할지니, 이것이야말로 이미 하느님의 사랑에 가까운 것이며, 지상의 사랑 가운데 으뜸이기 때문이로다. 하느님의 모든 피조물을, 그 전체를, 모래알 하나하나까지를

사랑하라. 작은 잎사귀 하나, 하느님의 햇살 한줄기 한줄기를 모두 사랑하라. 동물을 사랑하고 식물을 사랑하고 모든 사물을 사랑하라. 모든 사물을 사랑하게 되면 그 사물들 속에서 하느님의 신비를 깨닫게 될 것이다. 한번 깨닫게 되면 그 뒤엔 이미 지칠 줄 모르고 나날이 모든 것을 더 깊이 더 많이 인식하기 시작하리라. 그리하여 마침내는 만유를 포괄하고 세계를 포괄하는 사랑으로 세계 전체를 사랑하게 되리로다.[3]

그에 따르면 우리는 창조세계 전체를 낱낱이 사랑해야 한다. "세계를 포괄하는 사랑"으로 세계 전체를 받아들일 때까지 모든 잎사귀, 모든 빛줄기, 모든 동물, 모든 식물, 심지어는 모든 무생물을 사랑해야 한다. 모든 야수를 한없는 상냥함으로 대해야 하며 (터무니없어 보일 수도 있지만) 새들에게 용서를 구해야 한다. 그리고 다른 무엇보다도 아이들을 사랑해야 한다. 이 만물을 아우르는 사랑의 탈자성 가운데 우리는 만물에 깃든 하느님이라는 참된 신비를 보게 될 것이라고, 날이 갈수록 그 신비를 더 깊이 이해하게 될 것이라고 조시마 스타레츠는 말한다.

이 담화에서, 동방 정교회의 관상 전통에서 사랑받는 시리아의 성 이사악St. Isaac the Syrian*의 영향을 감지하기란 그리 어려운

---

3 조시마 스타레츠의 영적 담화는 『카라마조프가의 형제들』 제2부 제6편에 나온다.

* 시리아의 성 이사악, 혹은 니네베(니느웨)의 이사악(613?~700?)은 7세기 동방 교회의 주교이자 신학자다. 아주 어렸을 때부터 수도원에 들어가

일이 아니다. 조시마 스타레츠의 담화 뒤에서는 성 이사악의 신비신학 논의 중 가장 널리 알려진 구절의 메아리가 울려 퍼지고 있다.

자비로운 마음이란 무엇일까요? 모든 창조물을 향해, 사람, 새, 짐승, 정령 그리고 모든 피조물을 향해 불타오르는 마음입니다. 자비로운 마음을 지닌 이는 만물을 생각하거나 보기만 해도 뜨거운 눈물을 흘립니다. 그의 마음은 강렬하고 열정적인 자비에 사로잡혀 있습니다. 그렇기에 그는 모든 창조물에 엄청난 연민을 느끼고 자기 자신에 대해 겸손한 마음을 갖습니다. 그는 창조세계 어느 곳에서든 어떤 고통이나 슬픔을 보거나 듣는 것을 참지 못합니다. 그러므로 그는 끊임없이 하느님께서 모든 사람, 무뢰한들과 진리의 적들, 더 나아가 자신을 해치는 이들까지도 보살펴주시고 자비를 베풀어주시기를 눈물 흘리며 기도합니다. 그는 심지어 파충류를 위해서도 기도합니다. 그의 마음에서는 헤아릴 수 없는, 하느님을 닮은 긍휼이 타오르고 있기 때문입니다.[4]

금욕 수련을 했고 이후 수도 생활을 하면서 동시에 지역 신앙 교육에 힘썼다. 7세기 중반 니네베의 주교가 되었으나 5개월 만에 주교직을 내려놓고 다시금 수도 생활에 전념했다. 이후 그의 강론은 그리스어, 아랍어, 러시아어로 번역되었으며 정교회 영성에 커다란 영향을 미쳤다.

[4] 자비로운 마음에 관한 이 유명한 강론을 포함해 그의 모든 강론을 영어로 번역한 판본은 (내가 아는 한) 구세주 변모 수도원Holy Transfiguration Monastery에서 1985년 펴낸 판본이 유일하다. 위의 본문은 내가 번역했

세상을 보아야 하는 대로 보고, 그리하여 세상이 비추는 하느님의 참된 영광을 보기 위해서는 사랑을 일구어야 한다. 사랑으로 정화된 눈을 지녀야 한다. 고백자 막시무스Maximus the Confessor*는 사심 없는 사랑으로 세상을 바라보는 법을 배울 때 비로소 피조물의 진정한 내적 본질(말씀logos)을 알 수 있다고, 피조물이 자신의 존재의 원천인 하느님의 말씀이라는 빛을 받아 어떻게 환히 빛나는지를 볼 수 있다고 가르쳤다.[5] 그러나 그리스도인은 하나의 현실만을 보아서는 안 된다. 자비로운 신과 다루기 힘든 유한한 피조물 사이에서 생산되는 것(혹은 생산될 수 있는 것)은 무엇이든 부드럽고 유능하게 다루는, 정교하고 온화하며 우아하게 질

음을 밝혀둔다.

* 고백자 막시무스(580?~662)는 동방 정교회 신학자이자 수도사다. 콘스탄티노플의 귀족 가문에서 태어나 관료 생활을 했으나 이내 염증을 느끼고 수도원에 들어갔다. 625년 정식 수도사가 되었으며 카르타고, 알렉산드리아 등지에서 수도 생활을 했다. 당시 그리스도론 논쟁에 적극적으로 참여해 그리스도의 인성은 신성에 흡수되어 신성만이 남았다고 주장하는 단성론Monophysitism과 단의론Monothelitism에 반대하여 양성론과 그리스도의 온전한 인성을 주장했다. 이로 인해서 심한 고문을 받고 흑해로 유배되었으며 그곳에서 후유증으로 세상을 떠났다. 훗날 교회에서는 그가 목숨을 걸고 정통 교리를 수고했다는 뜻에서 '고백자'라고 불렸다. 주요 저술로 『난제』Ambiguorum liber, 『주님의 기도 해설』Orationis dominicae expositio, 『신비 교리교육』Mystagogia 등이 있다.

5 고백자 막시무스의 사랑에 관한 가르침은 『사랑에 관한 단상』Capita de caritate에 있다. 이에 관한 영역본은 1955년 뉴먼 출판사Newman Press에서 펴낸 판본과 1985년 성 바울 출판사Paulist Press에서 펴낸 판본이 있다. 하느님의 말씀과 피조물의 말에 관한 그의 형이상학은 『난제』Ambiguorum liber에서 발견할 수 있다. 이에 관한 영역본은 다음이 유일하다. Maximus the Confessor, *On the Cosmic Mystery of Jesus Christ* (St. Vladimir's Seminary Press, 2003)

서를 조정하는, 기계와도 같은 이신론자의 현실만을 보아서도 안 되고, 삶과 죽음의 신성한 거래만을 보아서도 안 된다. 당연하지만, 근대적 의미의 (기계와 같은) '자연'만을 보아서도 안 된다. 그리스도인은 두 가지 현실을 보아야 한다. 좀 더 정확하게 말하면 현실을 보며 동시에 그 안에 있는 또 다른 현실을 보아야 한다. 하나는 우리 모두 알고 있는 세계, 아름답고도 두려움을 불러일으키며, 화려하면서도 황량하고, 즐거우면서도 괴로운 세계다. 또 다른 하나는 단순한 '자연'nature이 아니라 '창조세계'creation, 즉 최초의 세계이자 궁극적인 진리의 세계. 이곳은 모든 면에서 하느님의 아름다움으로 빛나고 어떠한 폭력도 없는, 끝없는 영광의 바다다. 이렇게 두 현실을 볼 때 우리는 슬퍼하면서 동시에 기뻐한다. 세계를 죽음이라는 베일에 드리워진, 그러나 무한한 아름다움을 언뜻 비추는 거울로 여긴다. 피조물이 사슬에 묶여 있는 모습을 간과하지 않으면서도 하루가 시작할 때 떠오르는 태양을 보듯 그 아름다움을 본다.

오늘날 그리스도인들은 때때로 신약성서의 우주론적 언어를 받아들이기를 매우 어려워한다. 이는 여러 면에서 이해할 만한 일이기는 하지만 매우 불행한 결과를 낳을 수 있다. 회의주의자들은 이상하게도 그리스도인들에게 피조물을 향한 하느님의 의지와 현재 지상의 상태를 완벽하게 연결하는 방식으로 (물리적, 도덕적) 악을 설명해 주기를 요구한다. 더 기이한 일은 그리스도인들이 이러한 요구를 받아들인다는 점이다. 악에 대한 성서의 이해는 이신론에 바탕을 둔 신정론이나 이에 대한 그 어떤 철학적 고발보다 더 급진적이며 더 "환상적"fantastic이다. 그리스도교 사상은 처음부터 고난, 죽음, 악이 그 자체로 어떤 궁극적 가치 혹은 영적 의미를 가진다는 것을 부정했다. 또한, 고난, 죽음, 악은 우주의 우연, 존재의 그림자이며 본질상 실체나 목적을 결여하고 있다고 주장했다. 하느님께서 타락한 질서라는 조건 아래에서도 당신의 선한 뜻을 이루시기 위해 이들을 어떤 계기로 삼으실 수 있다 하더라도 말이다.

우리가 타락이라는 시원의 재앙primordial catastrophe으로 인한 오랜 후유증 가운데 살고 있다는 교리만큼 비그리스도인들에게 충격적인 교리, 견딜 수 없는 교리는 없을 것이다. 이 교리에 따르면 이 세계는 부서지고 상처입은 세계이며 우주의 시간은 진정한 시간의 환영이고 인간은 충만한 상태의 창조와 창조가 이루어진 무 사이에 있는 그림자 같은 중간지대, 중간기에 살고 있으며 우주는 끊임없이 하느님 나라를 적대하는 "권세의 천신들"과 "능력의 천신들"에 사로잡혀 고통받고 있다.[*]

물론, 오늘날 적잖은 그리스도인도 이를 신화로, 이원론으로 여긴다. 어떤 이들은 타락한 질서가 하느님에게 적극적으로 맞

---

[*] "신약성서의 우주론적 언어"와 관련해서는 다음 구절을 참조하라. "나는 확신합니다. 죽음도 생명도 천사들도 권세의 천신들도 현재의 것도 미래의 것도 능력의 천신들도 높음도 깊음도 그 밖의 어떤 피조물도 우리 주 그리스도 예수를 통하여 나타날 하느님의 사랑에서 우리를 떼어 놓을 수 없습니다." (로마 8:38~29)

선다는 사상을 지나치게 강조하면 근본주의적 문자주의에 빠지게 될까 염려한다. 이러한 가운데 적잖은 그리스도인은 어떻게 하느님의 주권에 합당한 영예를 돌릴 수 있을지 지나치게 고심한다. 분명 수 세기에 걸쳐 그리스도인들은 한 분 하느님께서 모든 것을 결정하신다는 생각을 관철하면서 동시에 영적 전쟁에 관한 신약성서의 심상들을 받아들일 수 있는지를 고민했다. 창조세계에서 악과 죽음이 선하신 하느님의 "왼손"이라는 주장, 정의로운 그분의 필연적 "그림자"라는 주장을 부정하면 곧 하느님의 전능성을 부정하는 이야기가 될까 두려워한 것이다.

하지만, 불편할지 몰라도, 분명 신약성서에는 일종의 "잠정적인"provisional 우주적 이원론이 있다. 물론, 이 이원론이 두 세력이 영속적으로 이어진다는 궁극적 이원론은 아니다. 신약성서는 하느님에 대항하는 자율적인 피조물의 영역과 하느님께서 시간 속에서 사랑으로 구원을 이루시는 영역 사이에 일어나는 갈등을 그린다. 교부들은 인간이 물질의 영역과 영의 영역 사이에 있는 '경계선 위의 존재'methorios로서 지상을 천국과 연합하게 하는 창조의 사제로 창조되었다고, 인간이 타락함으로써 모든 물질적 존재가 죽음의 지배를 받게 되었다고 이야기했다(특히 고백자 막시무스는 이를 심오한 논의로 발전시켰다). 하느님께서 당신의 형상대로 이성을 지닌 피조물들을 빚어내기로 선택하고 그들에게 그들 자신과 물리 질서가 다른 주인의 지배를 받을 수 있는 자유를 허락하셨다고 말하는 것, 바다의 문들을 닫은 분이 다른 난폭한

손이 이를 열도록 놔두었다고 말하는 것이 곧 피조물을 향한 하느님의 궁극적 설계가 좌절되었다고 말하는 것은 아니다. 다만 하느님의 뜻이 실제 힘, (그분의 은총으로 인해) 스스로 하느님에게 맞서는 힘의 저항을 받을 수 있다는 점, 우주의 타락에 의해 우리는 하느님의 뜻을 가릴 수 있다는 점, 만물을 향해 하느님께서 뜻한 선의 궁극적 실현은 (단순히 인류의 교화나 하느님의 영광을 위한 어떤 극적 허구나 교육을 위한 장치가 아니라 진리로서) 그분의 승리라는 형태를 지닌다는 점을 받아들이는 것이다.

신약성서에서 "세상"(코스모스 κόσμος)이라는 말은 뚜렷하게 구별되고 심지어 반대되는 두 가지 의미로 쓰인다(요한 복음에서는 특히 그러하다). 때때로 이 말은 피조물(크티시스 κτισις)과 동의어로 쓰인다. 이때 '세상'은 하느님의 작품, 하느님께서 하시는 구원 활동의 대상이다.

> 하느님은 이 세상을 극진히 사랑하셔서 외아들을 보내주시어 그를 믿는 사람은 누구든지 멸망하지 않고 영원한 생명을 얻게 하여주셨다. 하느님께서 아들을 세상에 보내신 것은, 세상을 심판하시려는 것이 아니라, 아들을 통하여 세상을 구원하시려는 것이다. (요한 3:16~17)

> 나는 세상을 심판하러 온 것이 아니라 구원하러 왔다.
>
> (요한 12:17)

여기서 세상, 즉 코스모스는 죽음에 속박된 가운데서도 하느님의 권능과 공의를 영광스럽게 증언한다.

> 이 세상 창조 때로부터, 하느님의 보이지 않는 속성, 곧 그분의 영원하신 능력과 신성은, 사람이 그 지으신 만물을 보고서 깨닫게 되어 있습니다. 그러므로 사람들은 핑계를 댈 수가 없습니다. (로마 1:20)

그러나 '세상'은 피조물을 노예로 삼고 끊임없이 하느님에게 맞서는 현재 '질서'('코스모스'의 본래 의미)를 뜻하기도 한다. 이러한 '세상'에 하느님께서 나타난 사건, 즉 성육신은 타락한 자연으로 인해 일어나는 고통에서 창조세계의 아름다움을 구원하는 활동일 뿐만 아니라 심판과 정복의 활동이다. 그리스도는 "만물이 그로 말미암아 존속하는"(골로 1:17) 보편적인 말씀일 뿐 아니라 "위에서 오시는"(요한 3:31) 분, 즉 낯선 하느님으로서 우리의 현실에 들어오셨다.

> 그는 세상에 계셨다. 세상이 그로 말미암아 생겨났는데도, 세상은 그를 알아보지 못하였다. (요한 1:10)

그리스도, 그리고 그분의 나라는 "이 세상"에 속해 있지 않다.

너희는 이 세상에 속하여 있지만, 나는 이 세상에 속하여 있지
않다. (요한 8:23)

나는 그들에게 아버지의 말씀을 주었는데, 세상은 그들을 미워
하였습니다. 그것은, 내가 세상에 속하여 있지 않은 것과 같이,
그들도 세상에 속하여 있지 않기 때문입니다. ... 내가 세상에
속하지 않은 것과 같이, 그들도 세상에 속하지 않았습니다.

(요한 17:14~16)

내 나라는 이 세상에 속한 것이 아니오. 나의 나라가 세상에 속
한 것이라면, 나의 부하들이 싸워서, 나를 유대 사람들의 손에
넘어가지 않게 하였을 것이오. 그러나 사실로 내 나라는 이 세
상에 속한 것이 아니오. (요한 18:36)

이 세상은 그를 미워하고, 그가 이 세상에서 "가려 뽑아낸"(요한
15:19) 사람들을 미워한다. 그래서 그리스도께서는 말씀하신다.

용기를 내어라. 내가 세상을 이겼다. (요한 16:33)

이때 세상, 즉 코스모스는 잔인함, 공격성, 시기심, 비참함, 폭
력, 거짓, 탐욕, 무지, 영적 황폐함의 제국, 만물에 작용하고 있
는 죽음, 만물을 새롭게 할 수는 없지만 지배하거나 살해를 일

삼는 힘이다. 바울에 따르면 세상은 그리스도인이 결코 "본받지 말아야"(로마 12:2) 할 "악한 세대"(갈라 1:4)다.

타락한 피조물로서 우리는 천사나 악마 같은 "권세들", 하느님에게 종속적이지만 때때로 하느님에게 저항하는 통치자들에게 지배받고 있다고 신약성서는 말한다. 이 "능력의 천신들"은 하느님, 그리고 섭리를 바탕으로 이루어지는 그분의 통치를 이기지는 못하지만 시간의 한계 속에서 하느님의 뜻에 반해 행동할 수 있다. 이 세대는 영적이면서 지상적인 "왕권과 주권과 권세와 세력의 여러 천신"(골로 1:16)[6], "우주의 영적 세력들"(스토이케이아 στοιχεῖα), "허공을 다스리는 세력의 두목"(에페 2:2)이 다스리고 있다. 이들은 하느님의 사랑에서 우리를 떼어놓을 수는 없지만(로마 8:38), 우리의 "원수"이며 우리는 이들과 싸워야 한다.

> 우리가 대항하여 싸워야 할 원수들은 인간이 아니라 권세와 세력의 악신들과 암흑세계의 지배자들과 하늘의 악령들입니다.
>
> (에페 6:12)

---

[6] 다음 구절을 참조하라. "이 세상 통치자들은 아무도 이 지혜를 깨닫지 못했습니다. 만일 그들이 깨달았더라면 영광의 주님을 십자가에 못 박지는 않았을 것입니다." (1고린 2:8) "하느님께서는 … 권세와 세력과 능력과 주권의 여러 천신들을 지배하게 하시고 또 현세와 내세의 모든 권력자들 위에 올려놓으셨습니다." (에페 1:21) "만물의 창조주이신 하느님께서 과거에 감추고 계시던 심오한 계획을 어떻게 실현하시는지를 모든 사람에게 분명히 알려주게 하셨습니다. 이렇게 되어 결국 하늘에 있는 권세의 천신들과 세력의 천신들까지도 교회를 통하여 하느님의 무궁무진한 지혜를 알게 되는 것입니다." (에페 3:10)

그래서 요한 복음은 악마를 "이 세상의 통치자"(요한 12:31, 14:30, 16:11)라고 부르며 고린토인들에게 보낸 둘째 편지에서는 (다소 놀랍게도) "이 세상의 신"(2고린 4:4)이라고 부른다. 또한, 요한의 첫째 편지에서는 말한다.

> 우리가 하느님에게서 났다는 것을 우리는 압니다. 그런데, 온 세상은 악마의 세력 아래 놓여 있습니다. (1요한 5:19)

즉 세상은 하느님의 왕국과 죽음의 왕국으로 나뉜다. 하느님은 반드시 승리하시지만, 죽음은 끝까지 강하고 끔찍한 세력으로 남아 있을 것이다. 사실상, 하느님께서 "마지막으로 물리치실 원수는 죽음"(1고린 15:26)이다.

　세상에 대한 이러한 관점을 어떻게 보든 간에 이는 분명 건조한 우주적 낙관론은 아니다. "능력의 천신들"을 어떻게 해석하든, 그리스도교에서 증언하는 하느님을 믿든 믿지 않든, 신약성서 정경의 저자들은 타락한 세상에서 일어나는 모든 일이 직접적이고도 전적으로 하느님의 주권과 연결되어 있다는 일부 그리스도인의 관점을 지지하지 않는다. 현재 세계 질서를 도덕적으로 정당화하려는 신정론의 흔적도 전혀 찾을 수 없다. 복음의 핵심에는 뿌리 뽑을 수 없는 승리주의, 하느님의 뜻은 궁극적으로 패할 수 없으며 이미 악과 죽음에 대해 승리를 거두셨다는 확신이 존재한다.

그분은 높은 곳으로 올라가면서 사로잡은 자들을 데리고 가셨고 사람들에게 선물을 나누어주셨다. (에페 4:8)

(하느님께서는) 십자가로 권세와 세력의 천신들을 사로잡아 그 무장을 해제시키시고 그들을 구경거리로 삼아 끌고 개선의 행진을 하셨습니다. (골로 2:15)

그러나 이 승리는 아직 도래하지 않은 승리다. 현재 우리는 어둠과 빛, 거짓과 진리, 죽음과 삶의 투쟁 가운데 살고 있다. 이 세계는 여전히 밀과 가라지가 함께 있는 밭이며 추수 때까지 반드시 함께 자라야 한다.

예수께서는 이렇게 설명하셨다. "좋은 씨를 뿌리는 이는 사람의 아들이요, 밭은 세상이요, 좋은 씨는 하늘나라의 자녀요, 가라지는 악한 자의 자녀를 말하는 것이다. 가라지를 뿌린 원수는 악마요, 추수 때는 세상이 끝나는 날이요, 추수꾼은 천사들이다. 그러므로 추수 때에 가라지를 뽑아서 묶어 불에 태우듯이 세상 끝날에도 그렇게 할 것이다." (마태 13:37~40)

모든 피조물은 하느님의 영광이 만물을 변화시킬 그 날을 간절히 고대하며, 고뇌하는 가운데 기대하며 고통받고 있다고 바울은 말한다.

장차 우리에게 나타날 영광에 비추어보면 지금 우리가 겪고 있는 고통은 아무것도 아니라고 생각합니다. 모든 피조물κτισις은 하느님의 자녀가 나타나기를 간절히 기다리고 있습니다. 피조물이 제구실을 못 하게 된 것은 제 본의가 아니라 하느님께서 그렇게 만드신 것입니다. 그러나 거기에는 희망이 있습니다. 곧 피조물에게도 멸망의 사슬에서 풀려나서 하느님의 자녀들이 누리는 영광스러운 자유에 참여할 날이 올 것입니다. 우리는 모든 피조물이 오늘날까지 다 함께 신음하며 진통을 겪고 있다는 것을 알고 있습니다. (로마 8:18~22)

이러한 영광을 믿든 믿지 않든, 영광의 날이 최후에 도래함을 믿든 믿지 않든, 죽음과 하느님으로부터의 소외라는 베일을 통해 지금 이를 "볼" 수 있든 없든 (나는 우리가 모두 때때로 이를 본다고 생각한다. 우리의 내적 성향이 우리가 본다는 것을 인지하도록 허락하든지 그렇지 않든지 간에). 하느님의 영광은 우주 혹은 인간의 역사에서 곧바로, 직접적으로 드러나지는 않는다. 오히려 이 영광은 역사 앞에, 역사와 나란히, 역사 너머에, 혹은 지연된 상태로 있다. 우리는 이를 오직 "거울에 비추어보듯 희미하게"(1고린 13:12) 볼 수 있을 뿐이다. 하느님의 영광은 단순히 역사에 감춰진 이치가 아니다. 차라리 이 영광은 이 타락한 세계에 스며든, 그리고 마침내는 이 세계를 압도할, 역사를 거스르는 역사다. 이는 자연의 숭고하고 성스러운 논리가 아니라 자연에 대한 사랑을 약속하는 빛이다. 지금 우리가 알고 있는 자연의 아름다움은 그저 저 영광의 희미한 잔향에 지나지 않는다. 우리는 저 영광을 자연을 통해 희미하게 맛볼 수 있을 뿐이다. 이 지점에 이르면 심지어 이반 카라마조프의 고뇌에 찬 질문조차 논점에서 벗어난 것으로 보인다. 그의 괴로움은 하느님께서 고난과 죽음을 필요로 한다는 생각, 하느님께서 고난과 죽음이 없다면 자신의 뜻을 이룰 수 없다는, 혹은 자신의 완벽하고 보편적인 계획을 실현할 도구로 고난과 죽음을 "선택"한다는 생각에서 나오기 때문이다.

그러나 하느님께서 이미 전복하셨으며 마침내 승리하실 악에 종속된 채 고통을 겪고 있는 낙원인 세상은 단순히 모든 것을 결정하는 하나의 의지가 작용한 결과물이 아니다. 바로 이 때문에 경험에 근거하지 않은 조시마 스타레츠의 대담한 전망은 이반의 의심에 대한 적절한 (논박이 아닌) 대응이다. 총체적 설명에 대한 욕망의 부담을 떨쳐버리는 순간(고통으로 점철된 역사를 언제나 은총이 그 안에 작용하지만 은총이 그에 의존하지는 않는, 우연과 부조리로 보게 되는 순간), 하느님께서 만물에게 약속하신 종말을 우주의 거대한 변증법적 흐름에서 남은 찌꺼기가 아닌 다른 무언가로 바라볼 수 있게 된다. 그분은 타락한 시간이라는 볼품없고 음울한 재료에서 비할 바 없이 영광스러운 무언가를 끌어내신다. 이제 드디어 선택의 길이 보인다. 즉 저 활동, 하느님께서 피조물의 자유라는 신비를 포용해 사랑으로 피조물과 연합을 이루는 경이로운 활동을 희미하게나마 감지하며 그분이 피조물에게 자신을 죽음의 노예로 만들 힘까지도 허락하셨다고 생각하든지, 아니면 이성의 자유에는 우주의 타락이라는 위험과 이에 따른 끔찍하고 불의한 결과들을 감내할 만한 가치가 없다고 판단하는 것이다. 그러나 이와 관련해 인간은 어떤 유의미한 판단을 내릴 수 없다. 유한한 유클리드 기하학의 정신으로는 지상의 고난과 종말에 임할 영광을 저울질할 수 없기 때문이다. 그러므로 이를 근거로 하느님을 거부하는 것은 진정으로 합리적인 결정이 될 수 없다. 그저 도덕적인 분노에서 나오는 정념pathos일 뿐이다.

그럼에도 여러 이유로 이반의 주장을 무시해서는 안 된다. 그리스도 안에서 선포되는 하느님의 완전히 선함에 사로잡힐 때만 이반처럼 분노할 수 있기 때문이다. 이반의 주장은 참된 도덕적 정념을 표현한다. 하느님의 사랑을 받아 변모되고 하느님의 자비를 깨달아야 하는 것은 바로 유한한 유클리드 기하학의 정신 그 자체다. 그렇기에 인간의 고난, 특히 아이들의 고난과 마주해 누군가의 마음이 동요하고 불안에 사로잡힌다 해서 그를 순전히 어리석은 불신자로 취급해서는 안 된다. 아이들의 고난은 실제로 일어나고 끔찍하고 불의한 사태로 남아 있기 때문이다. 영광의 미래에 대한 희망을 "하느님의 위대한 계획"에 대한 진부한 확신으로 전락시킴으로써 고난이라는 걸림돌을 완화하려 해서는 안 된다. 이는 가당찮은 일이다. 그러한 확신은 신약성서가 묘사하는 영적 세계를 무시하는 것과 다름없다. 다시 한번 강조하지만, 이반의 주장은 불신앙이라는 자리에서 전개한 그리스도교 신앙에 대한 도전이 아니다. 그의 주장은 그러한 곳에서 제기하는 도전들보다 더 미묘하고, 더 심오하며, 더 근원적이고, 더 혁명적이며 더 '그리스도교적인' 주장이다. 이반의 주장은 '그리스도교적' 하느님 및 악에 대한 이해로부터 나왔으며 그렇기에 수많은 그리스도교인의 습관적 낙관론, 이교도의 숙명론, 혹은 공허한 논리적 결정론에 도전한다. 이반의 고뇌 이면에는 (비록 많은 그리스도인이 이에 둔감하지만) 순수한 그리스도교적 직관, 좀 더 구체적으로 말하면 무한한 사랑의 하느님은 임시로든, 일시적으로든 결코 (물리적 혹은 도덕적) 악을 의도하거나 긍정하지 않으신다는 직관이 놓여 있다. 그분은 무한히 자유롭기 때문이다.

Ⅲ

우리는 (특히 오늘날) 자유를 순전히 제멋대로 하려는, 혹은 정념에 충실한 의지로 여기는 경향이 있다. 자유를 다른 여러 가능성 중 특정 행동 방향을 선택함으로써 현실화되는 일종의 힘으로 보는 것이다. 분명 유한한 지성과 의지를 지닌 인간에게 이는 자유가 지녀야 할 최소한의 형식이다. 그러나 이는 종속과 제한의 형식이기도 하다. 여기서 모든 가능한 선택지는 선택을 하는 의지의 외부에 있다. 심지어 이 선택지들은 인간이 선택하기도 전에 의지를 규정하고 형성하기도 한다. 게다가 이 선택의 가능성들은 서로 배타적이다. 한 가능한 행위는 현실화될 때 다른 방향의 행위를 불가능하게 만든다. 그리고 인간은 어리석은 선택을 할 수 있다. 악의적으로, 혹은 분열된 의지를 가지고 선택할 수 있다. 이때 자유는 (제한되면서 동시에 제한하는) 잠재성들에 의존하며 수많은 제약을 받는 공허한 가능성에 지나지 않는다.

인간의 자유에 대한 더 높은 차원의 이해는 인간 본성에 대한 정의와 분리될 수 없다. 자유롭다는 것은 어떤 존재가 자신이 본래 그러한 대로 번영flourish할 수 있음을 의미한다. 달리 말하면 자유는 존재의 본성이 지향하는 선을 성취하는 것이다. 복합적인 본성이 자신의 참된 목적(자연적이고 초자연적인 목적)을 어떠한 제약도 받지 않은 채 실현하는 것이다. 이것이야말로 자유와 행복을 완성하는 것이다. 그러므로 무지와 악행, 부패한 욕망을 통해 잘못된 선택을 하는 인간은 자유롭게 되는 것이 아니라 자신을 참된 목적을 이루지 못하게 방해하는 세력들의 (좀 더 심각한) 노예가 된다. 이러한 인간의 자유에 대한 좀 더 풍성한 이해는 하느님의 자유가 무엇인지를 더듬어볼 수 있게 해준다. 하느님은 무한한 현실태infinite actuality, 모든 존재의 근원이자 목적, 영원한 선이기 때문이다. 그분이 ('현재' 현실태를 어떻게든 능가하는 가능성 중 하나로) 임의로 무언가를 '선택'한다는 것은 하느님을 하느님이게 하는 무한한 능력에 어떤 결핍이 있다거나 그분이 어떤 제약을 받는다고 말하는 것과 다름이 없다. 하느님께서 자유롭다고 말하는 것은 곧 그분이 자신의 본성을 성취하는데 이를 방해할 수 있는 것은 없으며 하느님 자신을 통해, 혹은 당신이 창조하신 피조물을 통해 당신의 광대한 선함을 실현하는 것을 방해하는 힘, 의지, 혹은 방해할 만한 잠재력을 지닌 것은 있을 수 없다는 뜻이다.

악을 행할 수 있다는 것, 즉 악행을 저지르거나 악과 마주해 이에 영향을 받는 능력이 하느님에게는 없다. 악에 대한 "능력"capable이 있다는 것, 즉 악행을 저지르는 것이나 악과 마주해 이에 영향받는 것은 하느님에게 있어서는 사실 하나의 무능력incapacity일 것이다. 하느님께서 당신의 선한 목적을 이루는 데 악이 필요하다고 이야기하는 것은 하느님을 하느님보다 덜한 무언가로 만드는 것이다. 하느님의 의지가 향하는 대상은 자신의 무한한 선이며 이는 완벽하게 실현되었다. 따라서 그분은 자유롭다.

이는 그리스도교 교리에 바탕을 둔 주장일 뿐 아니라 명백하게 형이상학적인 주장이지만, 이를 들어 이러한 주장을 망설여야 할 이유는 없다. (누군가는 부정하겠지만) 신약성서에는 이미 헬레니즘 형이상학의 주제와 전제가 상당히 스며들어 있다. 그리고 이를 바탕으로 그리스도교 철학은 발전했다. 교부시대부터 중세 전성기까지 정교화된 고전 그리스도교 형이상학은 논리상 복음의 불가피한 결과다. 신학자들은 삼위일체 교리, 무로부터의 창조 교리의 존재론적 함의를 밝혀야 했으며 복음을 전하는 소명을 지닌 신자들은 자신의 신앙이 합리적임을 분명한 방식으로 표현해야 했다.

그리고 그리스도교 전통에서 가장 공경해야 할 신념, 없어서는 안 될 신념은 악을 '선의 결핍, 결여 혹은 부재'στέρησης του αγαθού, privatio boni로 본 것이다. 즉 악은 그 자체로는 아무런 본질이나 본성을 갖고 있지 않으며 순전히 하느님께서 창조한 현실에 기생하는 부패다.

> 하느님은 빛이시고 하느님께는 어둠이 전혀 없습니다.
>
> (1요한 1:5).

그리고 그분은 만물의 근원이요 존재의 원천이므로, 존재하는 모든 것은 그분의 선에 참여하며, 따라서 존재하는 것은 그 본질에 있어서 완전히 선하다.

악은 의지 안에서 태어난다. 악은 피조물과 나란히 서 있는 별개의 사물이 아니라 그저 그림자다. 악은 이성을 지닌 피조물들의 정신과 마음이 하느님의 빛에서 등을 돌려 자신들이 불려 나온 무nothingness로 되돌아가려 하는 것이다. 이는 악이 허상에 불과하다는 뜻이 아니라 별개의 실체가 아닌, 존재 상 일종의 소모성 질환wasting disease이라는 뜻이다.

무에서 태어나 물질적이면서 영적인 피조물의 이성적인 의지에 들어앉은 악은 창조세계 곳곳에 무라는 전염병을 퍼뜨린다. 죽음은 만물에 파멸을 초래한다. 어둠이 모든 정신을 뒤덮고 이기심, 나약함, 탐욕, 지배욕libido dominandi이 모든 욕망을 점령한다. 그리하여 정신과 욕망은 피조물에 깃든 하느님의 아름다움에서 등을 돌리고 비존재non-being라는 기형 상태로 나아간다. 이외 악에 대해 달리 말하는 것은 (하느님께서 만물의 근원이 아니라고 암시함으로써) 하느님의 초월성을 부정하거나 (선과 악은 모두 그분에게서 흘러나오는 존재에 참여하므로 하느님의 본성은 선과 악의 구별 너머에 존재한다고 암시함으로써) 하느님의 선함을 부정하는 것이다.

그러므로 악은 하느님의 결정이나 피조물과 관련된 그분의 목적에서 어떠한 역할도 맡을 수 없다. 설령 하느님께서 당신의 경륜 가운데 악에서 선을 끌어낼 수 있다 하더라도 말이다. 혹자는 하느님의 선과 피조물의 선에 무언가 결핍이 있다고 상상한다. 그러나 악은 결코 이 결핍을 채울 수 없다. 악은 아무런 기여도 하지 않는다. 무한히 자족하시는 하느님은 창조세계에 당신의 영광을 드러내기 위해, 피조물을 당신과 완전히 연결하기 위해, 혹은 당신의 풍요로운 본성을 볼 수 있도록 피조물의 정신을 고양하기 위해 죄와 죽음을 통과하는 길을 필요로 하지 않으신다.

바로 이 때문에 앞에서 언급한 타락과 구원이라는 드라마가 없는 것보다 있는 것이 만물의 최종 상태를 더욱 영광스럽게 만든다는 어느 학자의 말은 어폐가 있다. 심지어 아퀴나스도 그렇게 생각한 듯하다.[7] 그러나 그런 생각은 일관성이 없다. 이는 하느님께서 오직 악을 수단으로 삼아야만 성취할 수 있는 목적이 있다는 결론(이는 악에 실체를 허용하고 하느님을 악의 원인으로 만든다), 혹은 하느님께서 당신의 주권을 보여주시기 위해 죄를 더 큰 축복으로 보상하는 길을 선택하는 결론에 이른다(이는 하느님께서 정의롭지 않거나 그분의 정의가 분열되어 있거나 애초에 죄를 금한 그분의 말씀이 거짓이라는 이야기, 악이 하느님이 맞서야 하거나 유한한 주체처럼 반응해야 하는 실제적인 무언가라는 이야기다).

이에 못지않게 형이상학적으로 혼란스러운 (그리고 헤아릴 수 없이 당혹스러운) 견해는 하느님께서 당신의 자질을 보여주시기 위해 고난과 죽음을 필요로 한다는 젊은 교수의 주장이다. 이는

---

[7] 하느님께서 우리를 어떤 더 높은 선으로 고양하기 위해 죄를 허용할 수도 있다는 아퀴나스의 제안은 『신학대전』 3부 제1문제 제3문항 제3반론(신학적으로 볼 때 모든 면에서 실망스러운 문항)에서 찾을 수 있다. 그의 진술이 지복직관을 향유하는 영혼의 최종 상태에도 적용되는지는 분명하지는 않다. 거기서 실제로 논의하고 있는 주제가 아니기 때문이다.

위와 같은 이유로 잘못된 주장이다(우리는 죄와 고난과 죽음이 하느님의 참된 본성을 보지 못하도록 우리 눈을 멀게 한다고 말해야 한다).

악을 선의 결여로 보는 그리스도교 교리는 필연적으로 하느님의 무정념apatheia, 혹은 고난불가능성impassibility의 교리, 즉 하느님은 본성상 어떤 외부의 변화, 어떤 정념이나 감정의 영향을 받지 않으며, 무언가에 반응하거나 변화하는 감정으로부터 자유롭다는 가르침과 밀접한 연관이 있다.[8] 이 가르침은 결코 그리스도께서 십자가에서 못 박혀 고통받으셨다는 사실을 부정하지 않는다. 하느님의 말씀이 진정으로 인간이 되셨다는 점에서 그리고 그리스도 안에 오직 하나의 인격person, ὑπόστασις만 있다는 점에서 '말씀이신 하느님'은 고통과 죽음을 극한까지 경험하셨다. 다만 저 교리는 논리상 필연적인 두 가지 진리를 긍정한다.

첫째, (어떤 능력capacity이 아닌 하나의 제약limitation인) 고난으로 상처받을 가능성susceptibility은 그리스도의 신성이 아니라 인성에 속한다. 이는 그리스도의 연합**을 위태롭게 하지 않는다. 경험의 주체는 (인성이나 신성과 같은) '본성'nature이 아니라 (인성과 신성이 연합한) '인격'person이므로 논리상 십자가에서 고난을 받은 이는 진

---

[8] 하느님의 고난불가능성에 대한 상세한 논거는 다음의 글에서 자세히 다루었다. David Bentley Hart, 'No Shadow of Turning: On Divine Impassibility', *The Hidden and the Manifest: Essays in Theology and Metaphysics* (Williams B. Eerdmans, 2017), 45~69.

** 인성과 신성의 인격적 연합이라는 칼케돈 공의회의 그리스도론 정식을 의미한다.

실로 하느님의 말씀이다. 둘째, 십자가 체험은 무한한 하느님을 변화시키거나 '더 나은 존재로 개선하거나', 그분에게 무언가를 '추가'하지 않는다. 하느님은 우리를 사랑하는 법을 배우실 필요가 없다. 고난과 죽음은 실재의 결여이지, 하느님께서 알아야 할 '새로운 현실'이 아니다.

어떤 신학자들은 하느님의 무정념apatheia에 바탕을 둔 고난불가능성 교리를 피상적으로 이해하고서는 이를 그리스 형이상학에서 가져온 수입품이라며 거부한다. 하지만 이는 협상할 수 있는 교리가 아니다. 복음의 합리성이 이 교리를 요구한다. 물론, 무정념, 고난불가능성이라는 말이 어떤 불안을 초래할 수 있음을 모르지 않는다. 이 말은 (일상적 의미에서) "냉정한", 따라서 "무정한" 하느님을 암시하는 것처럼 보인다. 분명 하느님을 유한한 주체처럼 여기는 경향, 그래서 하느님을 자신이 맞닥뜨린 현실을 "경험하는" 사람처럼 여기는 것, 대조와 한계라는 방식으로 사물을 이해하는 사람처럼 생각하는 것을 피하기란 분명 쉬운 일이 아니다. 그러나 이러한 사고 습관이 지적 확신으로 이어질 때, 우리는 유치한 신인동형론과 철학적 오용이라는 잘못을 저지른다.

때때로 우리는 하느님께서 우리를 사랑하기 위해 '정념'passions을 필요로 하신다고, 우리에 대한 "반응으로" 우리를 사랑하신다고, 정녕 우리를 "필요로 하신다고" 여긴다. 이는 명백한 잘못이다. 물론 이러한 생각을 통해 우리는 우리 자신의 소중함을 되새길 수 있다. 그리고 이러한 생각은 사랑에 대한 우리 통상적인 경험과 잘 맞는 것처럼 보인다. 그러나 이는 하느님의 초월성과 하느님의 충만한 사랑을 부정한다. 좀 더 나아가서는 사랑의 참된 본성을 가린다. 가장 깊은 차원에서 사랑은 어떤 반응이나 반작용이 아니다.

사랑의 초월적 기원이자 목적인 하느님에게 사랑은 자신과 다른 만물을 현실화하는 존재의 무한하고 변하지 않는 활동이다. 그러므로 사랑은 순전한 긍정의 활동이고, 자기충족적인 활동이다. 사랑은 자신의 완전한 생명을 펼치기 위해, 그리고 창조성을 발휘하기 위해 어떤 반대급부를 필요로 하지 않는다. 삼위일체 하느님은 언제나 당신 안에 충만한 사랑(차이와 존중, 경축과 친교, 완전한 환희와 완전한 안식)을 지니고 있다. 하느님의 사랑, 그분의 풍요로운 사랑에는 외부에서 들어오는 정념pathos이 필요하지 않다. 그분에게는 우리가 필요하지 않다. 우리의 죄와 고난이 그분을 쇠약하게 만들지 못하듯, 우리의 희생이 그분에게 어떤 영양을 공급하지 않는다. 우리의 미덕은 그분을 고귀하게 만들지 못한다. 이는 인간을 거대하게 만드는 진리는 아니다. 그러나 이 진리는 인간을 영광스럽게 만든다(실로 경이로운 일이다). 이는 하느님에게는 우리가 필요하지 않으며 우리가 하느님을 사랑하지 않음에도 불구하고 그분이 여전히 우리를 사랑함을 뜻하기 때문이다. 바로 이 때문에 하느님의 사랑은 깊은 차원에서 '무정념'apatheia이다.

그리스도인들이 하느님의 고난불가능성이라는 생각을 받아들이지 못했을 때 이는 끔찍한 결과를 낳는다. 어떤 그리스도인들은 예수의 십자가 처형은 하느님의 인격성이 발생한 사건이라고, 이를 통해 하느님은 우리와 함께 고난받는 이로서 어떤 시험을 통과해 자기를 내어주는 사랑을 완전히 성취했다고 생각한다. 하느님께서 우리에 대한 당신의 앎을 변화시키고 확장하는 계기로 고난을 받아들이셨다는 것이다. (이러한 생각에 따르면) 그분은 십자가에서 인간이 겪는 고난의 심각성을 배우셨다. 그리하여 우리가 무엇을 견뎌내야 하는지를 이해하게 되셨다. 하지만 이는 말도 안 되는 소리다. 하느님께서 만물의 근원이면서 동시에 이전과는 다른, 혹은 이전보다 더 나은 무언가가 될 수 있다는 주장은 논리상 모순이다. 하느님께서 자신과는 다른 비극적 현실들과 만나 (비록 그 현실들을 창조하셨을지라도) 정념과 수난을 겪으심으로써 하느님이 된다는 주장은 그리스도교의 복음을 신화 취급하는 것이다. 이때 하느님은 '최상의 존재'supreme being이기는 하나 만물의 근원은 아닌 '유한한 신'이다. 어떤 의미로든 죄, 고난, 죽음이 하느님의 사랑을 형성한다면 죄, 고난, 죽음이 하느님을 규정하는 특징이 될 것이다. 이는 악이 하느님에게 대항하는 뚜렷한 실재일 뿐 아니라 하느님의 사랑은 본질적으로 결함이 있으며 어떤 작용에 대한 반작용임을 뜻한다. 또한, 이는 악이 어떠한 식으로든 하느님의 일부이며 선이 선이 되기 위해서는 악이 필요함을 뜻한다. 그러한 하느님은 설령 그가 사랑을 하고 있음을 입증한다 할지라도 '사랑 자체'일 수는 없으며 선 자체일 수도 없고 존재 자체일 수도 없다. 그런 신은 인간과 마찬가지로 죽음과 생명의 합성물일 것이다. 그리스도의 십자가 희생과 피조물의 고난 사이의 관계를 성찰할 때 우리는 이 점을 반드시 명심해야 한다.

인도양 쓰나미와 관련해 내가 『월스트리트 저널』에 쓴 칼럼이 촉발한 여러 반응의 공통된 흐름이 하나 있었다. 로마 가톨릭 대화 상대자들은 고난을 마주했을 때 그리스도의 구속적 구원에 우리가 참여하고 있다는 점(이는 "나는 여러분을 위하여 기꺼이 고통을 겪고 있습니다. 그리고 나는 그리스도의 몸인 교회를 위하여 그리스도의 남은 고난을 내 몸으로 채우고 있습니다"(골로 1:24)와 조화를 이룬다), 그리고 (그리스도를 본받아) 다른 이들과 함께, 다른 이들을 대신해 절망이나 증오 없이 고난을 견딜 때 그리스도의 신비로운 몸은 유지되고 굳건해진다는 점을 강조했다. 이는 분명 신학적으로 건강한 이야기였다. 그러나 그들은 이 건전한 교리를 가지고 지상에서 일어나는 모든 고난을 포괄적으로 설명하고 합리화하려는 경향을 보였다. 저 교리는 결코 그러한 방식으로 쓰여서는 안 된다.

이를테면, (대다수 인도양 쓰나미 희생자처럼) 그리스도인이 아닌 이들의 고난, 나자렛 예수를 알지 못한 채 살다가 죽은 이들의 고난, 혹은 동물들의 고난을 두고 위와 같이 설명하는 것은 그저 고압적인 말로 들린다. 이들의 고난을 그리스도인들이 안타

까워하며 어떻게 해서든 도움을 주고자 하는 마음을 갖는 것은 지극히 자연스러운 일이다. 하지만 그렇다고 해서 그러한 고난들이 현재 완전한 의미를 지니고 있다고 볼 수는 없다. 이 고난들은 분명 걸림돌이다. 그리스도의 십자가는 고난, 고통, 죽음을 영원히 승인한 사건이 아니라 전복한 사건이다. 이 세상에서 일어나는 모든 시련을 구원을 받기 위해 반드시 필요한, 측정가능한 요소로, 이 세상에서 일어나는 일들의 거대한 '균형'을 이루는 부분으로 본다면, 그리스도의 희생은 독특한 구원 행위라기보다는 고난과 죽음을 유한성의 숭고하고도 불가피한 구조로 여기는 '희생'의 세계를 뒷받침하는 형이상학적 근거에 지나지 않을 것이다.

또한, 하느님의 섭리providence는 숙명fate과 구별되지 않을 것이다. 그렇게 된다면 우리는 다시금 쿠루 평원에 서서 냉혹한 세계만을 마주하게 될 것이다(공정하게 말하면, 바가바드 기타에 나오는 박티 신앙도 이를 허락하지는 않을 것이다). 내 대화 상대자들이 이를 의도하지는 않았을 것이다. 그러나 그리스도께서 죽음과 맞서 이루어 낸 유일무이한 승리에 우리가 은총으로 참여하고 있음을 깨닫는 것과, 죽음을 역사에서 이루어지는 하느님의 구원 활동에 부합하는 것으로 여기는 것은 다르다. 우리는 이를 분명히 구별해야 한다.

바로 이 때문에 악을 선의 결핍으로 보는 교리, 하느님의 고난불가능성 교리처럼 철저하게 사변적인 원리들은 매우 중요하다. 이 원리들은 그리스도의 십자가 희생을 하느님의 무능이 아닌, 하느님의 권능으로 이해해야 함을 우리에게 알려준다.

그리스도의 십자가는 결단코 하느님께서 무와 투쟁하는 가운데 자신을 드러내시기 위해, 혹은 인간과 함께 고난을 받으심으로써 자신의 고난불가능성에서 "벗어나기" 위해 저항할 수 없는 힘에 굴복한 사건이 아니다. 또한, 십자가는 하느님께서 죽음과 화해하기 위해, 혹은 우리가 죽음과 화해하도록 쓰신 수단이 아니다. 오히려 그분은 죽음을 전복하시고 이를 통해 생명으로 나아가는 길을 만드신다. 그러므로 십자가는 고난받지 않는 하느님께서 죽음에 승리를 거두신 사건이다. 십자가는 우리를 자신에게로 인도하는 한없고 변함없는 사랑이 고난 및 죽음과 마주해 변화, 수정, 한정되지 않으면서, 이들을 끌어안아 이들의 힘을 파괴하는 사건이다. 우리는 이 그리스도와 함께함으로써 고난과 죽음을 "이겨내고도 남는"(로마 8:37) 이들이 된다.

하느님께서는 자연에서 일어나는 필연의 굴레에 갇히지 않으신다. 역사의 필연성이라는 변증법적 운동에 굴복하지 않으신다. 오히려 그분은 이들의 힘을 산산조각 내시며 그리하여 옛 권세의 천신들, (타락 이후 인류를 내내 지배한) 죽음의 제국을 무너뜨리신다.

부활은 "이 세상 통치자들"(1고린 2:8)을 완전히 물리친 사건, 그들이 그리스도에게 내린 선고를 뒤집은 사건, 그리하여 그리스도를 심판했던 모든 종교, 정치, 공공 세력이, 더 나아가 우주적 세력이 폭압이고 거짓이며 불의임을 드러낸 사건이다. 부활은 모든 거짓 필연성과 모든 불법, 남용된 권위, 모든 잔학과 무정한 가능성에 대한 "반역"rebellion이다. 부활은 타락한 "우주의 영적 세력들"에 사로잡힌 우리, 그로 인해 공포에 사로잡힌 우리를 자유롭게 한다. 숙명으로부터 우리를 해방한다. 부활은 하느님께서 '세상'을 이기신 사건이다. 그렇기에 부활은 우리 모두를 반역자로 만든다.

IV

누군가는 그렇다면 하느님의 섭리providence란 무엇이냐고 물을지 모르겠다. 분명 모든 그리스도인은 초월적인 하느님께서 만물과 모든 사건, 심지어 타락한 역사와 타락한 자연조차 통치하신다고 고백한다. 이 통치를 통해 그분은 궁극적으로 악을 물리치고 "이 세상"의 어둠에서 만물의 선을 끌어내신다고 믿는다. 그러나 하느님께서 죄와 죽음의 역사, 그리고 그 안에서 일어나는 모든 일을 당신의 목적을 이루기 위한 수단으로 영원히 의지하신다는 말과, 하느님은 영원부터 피조물을 선하게 창조하셨으며 (그분이 원인을 제공하지 않은) 악조차 은총이 작용하는 계기가 될 정도로 만물이 선을 향하도록 질서를 잡으심으로써 피조물들의 반역에도 불구하고 선을 이루신다는 말은 상당한 차이가 있다. 이러한 맥락에서 섭리에 대한 이해는 하느님의 본성에 대한 이해와 불가분한 관련을 맺고 있으며 후자의 관점만이 정확히 '섭리' 교리라고 할 수 있다. 전자의 관점은 순전한 결정론determinism에 지나지 않는다.

하느님께서 자신의 형상을 따라 피조물을 창조하셨기에 피조물은 사랑의 자유를 통해 하느님과 완전한 연합을 이룰 수 있다. 피조물이 무언가를 사랑할 수 있는 자유를 지녔다는 것, 하느님께서 이를 허용하셨다는 것은 창조세계의 자율성을 해치기보다는 도리어 하느님의 뜻을 피조물이 거스를 수 있음을 뜻한다. 그러나 전지전능하며 시간을 초월하는 하느님께서 피조물에게 자유의 기회를 허용하셨다는 것과 하느님께서 당신 나라의 완전한 행복을 이루시는 것을 막을 수 있는 것은 아무것도 없다는 것 사이에는 모순이 없다. 진실로 우리는 하느님께서 타락을 의도하지 않으셨으며 언제나 만물이 당신을 향하게 하신다고, 죄와 죽음의 전체 역사는 궁극적인 의미에서는 순전한 우연이며 하느님은 이를 결코 바라지 않으신다고, 그럼에도 불구하고 그분은 섭리를 통해 이 역사가 당신의 초월적 목적에 기여하게 만드신다고 말해야 한다. 하느님은 죄인이라 할지라도 악을 저지르기를 바라지 않으신다. 죄인이라도 죽기를 바라지 않으신다.

하느님께서는 아무도 멸망하지 않고, 모두 회개하는 데에 이르기를 바라십니다. (2베드 3:9)

나는, 악인이 죽는 것을 기뻐하지 않고, 오히려 악인이 그의 길에서 돌이켜 떠나 사는 것을 기뻐한다. (에제 33:11)

그분은 인간의 마음에 악을 두지 않으신다. 그분은 죽음이 횡행하며 자연을 지배하기를 바라지 않으신다. 그리고 그분은 악과 죽음에 결코 패배하지 않으신다.

하느님의 섭리는 아퀴나스가 말한 제1 원인primary causality의 차원에서 작동한다. 즉 섭리는 제2 원인들secondary causes, 피조물의 영역에서 작용하는 유한하고 우연한 원인들을 초월한다. 그러므로 섭리는 피조물에게 자유를 선사하면서도 동시에 피조물이 그 자유를 오용해 생기는 결과가 하느님께서 만물을 통해 의도하신 선을 이루는 것을 막지 못하게 한다. 달리 말하면, 충만한 존재 그 자체인 하느님은 창조라는 초월적 활동을 통해 자신과 진정으로 다른 존재, 즉 피조물이 존재하게 하신다. 그리고 하느님의 무한한 현실태와 여기에 참여하는 피조물들 사이에서는 어떠한 "갈등"도 존재하지 않는다. 하느님은 모든 존재의 근원이자 목적이기 때문에 그 무엇도 하느님에게서 완전히 분리될 수 없다. 만물은 무에서 하느님의 부름을 받아 그분의 선을 지향하며 나아감으로써 존재한다. 유한한 생성, 사유, 혹은 욕망의 모든 사례는 비존재 밖으로 나와 하느님이라는 무한한 경이로 들어가는 '자기 초월적 운동'에 존재한다. 그러므로 섭리는 피조물의 참된 자유를 배반하지 않으며 그럴 수도 없다. 피조물은 근원적으로 하느님의 아름다움을 갈망하기에 의지를 갖고 자유로운 운동을 할 수 있다(고백자 막시무스의 표현을 빌리면 우리의 "선택적 의지"gnomic will는 우리의 "본성적 의지"natural will에 의존한다).[9] 그러므로 모든 자유로운 행위는, 심지어 하느님을 향한 증오조차 그보다 근원적인 하느님의 사랑에서 나오며 하느님의 사랑으로 지탱된다. 만물의 무한한 근원을 (암묵적으로라도) 갈망하지 않고서 무언

---

[9] 막시무스는 대체로 그리스도론을 전개할 때 '선택적 의지'와 '본성적 의지'를 구별한다. 그의 세 번째와 일곱 번째 소고third and seventh Opuscula는 대표적인 예다. 해당 저술의 영문번역은 다음 책에서 볼 수 있다. Andrew Louth, *Maximus the Confessor* (Routledge, 1996)

가를 갈망하는 것은 불가능하다. 심지어 모든 것을 잊어버리기 위해 스스로 죽음을 택하려는 갈망조차 자아에 대한 (비극적으로 왜곡된) 사랑에서 나오며, 이 자아에 대한 사랑 자체는 자아가 생겨나게 하고 또 나아가게 하는(자아의 시작이자 종말, 원천이자 목적인) 하느님을 향한 더 깊은 사랑에서 나온다.

모든 존재의 바탕에는 바로 하느님의 근원적 부름이 있다. 그리고 이 바탕이야말로 우리 안에 있는 천국이며 우리 안에 있는 지옥이다. 이와 관련해 조시마 스타레츠는 (시리아의 성 이사악과 동방 그리스도교 신비주의 전통을 따라) 말한다.[10]

'지옥이란 무엇인가?' ... 나는 그것을 '이제는 이미 사랑할 수 없다는 데 대한 괴로움'으로 해석합니다. 시간으로도 공간으로도 잴 수 없는 무한한 유有 속에서 어떤 정신적인 존재가 지상에 출현하자마자, 그에게는 "나는 존재한다. 고로 사랑한다"라고 자기 자신에게 말할 수 있는 능력이 ... 부여되었습니다. 실천적이고 살아 있는 사랑 ... 이를 위해 지상의 삶이 주어졌고 그 삶과 함께 시간과 기한도 주어졌던 것인데 ... 이 행복한 존재는 더없이 소중한 이 선물을 무시하고, 그것을 존중하거나 사랑하기는커녕 비웃듯 힐끗 쳐다보며 내내 냉담하기만 했습니다. 이런 자도 이미 지상을 하직한 뒤에는, 부자와 나사로 이

---

[10]   이사악의 지옥에 관한 논의는 그의 84번째 설교에 나온다.

야기에 나오는 것처럼 아브라함의 품도 보고, 아브라함과 이야기도 나누고, 천국도 보고, 그리고 주님께로 올라갈 수도 있지만, 지금껏 한 번도 사랑한 적이 없는 자신이 주님께로 올라가게 된다는 것, 스스로 사람들의 사랑을 그렇게 멸시했던 마당에 이제 그 사랑했던 자들과 접촉하게 된다는 것, 바로 그것 때문에 고통스러워합니다.[11]

즉 지옥은 사랑에 굴복하지 않는 영혼의 분노이자 회한이다. 어떤 일이 있어도 '본성적 의지'는 하느님께 돌아가야 하지만, '선택적 의지'에 따른 자유가 하느님의 자비와 영광에 자신을 열기를 거부한다면, 분노한 영혼은 영혼을 변모시키고 성화시키는 사랑의 불을 축복이 아닌 징벌과 절망으로 경험한다. 피조물은 자신의 본성을 완전히 하느님과 일치시킬 때 최상의 자유와 행복을 누릴 수 있다. 섭리에 따른 은총이 할 수 있는 최상의 활동은 우리 안에 있는 하느님의 존엄한 형상을 보존하면서 가장 깊은 곳에 자리한 '본성적 의지'의 목적을 가로막는 모든 것으로부터 '본성적 의지'를 자유롭게 하는 것이다.

그렇다면 섭리는 어떤 보편적인 목적론universal teleology이 아니다(이를 이해하는 것이 무엇보다 중요하다). 하느님과 그분의 섭리를 믿는 것은 이 세상에서 일어나는 모든 일을 은총의 계기로 보는

---

[11] 조시마의 지옥에 관한 논의는 『카라마조프가의 형제들』 제2부 제6편에 나온다.

것이 아니다. 또한, 이 세상에서 일어나는 모든 일을 하느님께서 설계한 일, 자신이 뜻한 바를 이루고자 하는 그분의 적극적인 결정으로 보는 것이 아니다. 우리는 그런 식으로 양심에 부담을 가질 필요가 없다. 물론 이를 구별하기 위해서는 섬세한 작업을 요구하며 누군가의 눈에는 궤변처럼 보일 수도 있다.

어떤 신학자들, 이를테면 칼뱅Jean Calvin은 하느님께서 의지하는 바와 하느님께서 허용하는 바를 구별하는 것은 아무런 의미가 없다고 이야기했다. 분명 이와 관련해 신학자들의 견해는 각양각색이다. 로마인들에게 보낸 편지 9장에 나오는 바울의 진술("하느님께서는 당신의 뜻대로 어떤 사람에게는 자비를 베푸시고 또 어떤 사람은 완고하게도 하십니다"(로마 9:18))를 서방 그리스도교 중 특정 흐름에 속한 신학자들은 하느님께서 피조물의 의지를 직접 결정하심을 보여주는 증거로 받아들였다. 그러나 동방 그리스도교, 그리고 서방 그리스도교의 위대한 신학자들은 저 진술을 하느님께서 이미 부패한 피조물의 의지가 방해받지 않고 흘러가도록 허용하심을 보여주는 증거로, 혹은 죄인들까지 이롭게 하는 더 거대한 선을 위해 하느님께서 당신의 불같은 은총을 부어주시기에 앞서 (햇빛을 받기 전 수렁처럼) 피조물의 의지가 완고해지는 것을 허용하심을 보여주는 증거로 보았다. 요한 복음에서 한 남자가 왜 앞을 볼 수 없는 상태로 태어났는지를 묻는 제자들에게 그리스도께서는 답하신다.

자기 죄 탓도 아니고 부모의 죄 탓도 아니다. 다만 저 사람에게서 하느님의 놀라운 일을 드러내기 위한 것이다. (요한 9:3)

이는 하느님의 의지와 허용의 구별을 반박하는 구절로 읽을 수도 있고 확증하는 구절로 읽을 수도 있다. 그러나 모든 것을 고려해 보았을 때 의지와 허용의 구별은 비논리적이지도 않고 하찮지도 않다. (다른 모든 판단을 추정, 혹은 부차적인 판단으로 제쳐 두고) 우리가 그리스도를 통해 드러난 온전한 하느님의 인도를 받고자 한다면 이러한 구별은 필요하다. 하느님께서 죄, 고난, 악, 죽음과 어떻게 관계하시는지를 그리스도에게 배운다면 말이다. 우리는 그리스도께서 죄, 고난, 악, 죽음을 위엄있게, 가차 없이, 경이롭게 적대하는 모습을 본다. 그분은 죄를 용서하시며 고난을 치유하시고, 악을 내쫓으시며 죽음을 정복하신다. 복음서 그 어디에서도 그리스도께서 죄, 고난, 악, 죽음을 하느님의 영원한 활동으로, 목적의 일부로 대하고 행동하시는 장면은 등장하지 않는다.

기억하자. 복음서가 증언하는 하느님에 관해 알아야 할 가장 중요하고 시급한 점이 있다면 (『카라마조프가의 형제들』에서 이반이 이야기한) 소녀의 눈물은 하느님의 의도가 아니라는 것이다. 또한, 소녀의 눈물은 하느님께서 당신의 '나라'를 이룬다는 '거대한 계획'에 들어 있는 필수 요소, 그분의 나라를 향해 변증법적으로 전개되는 역사의 필연적 계기가 아니다. 하느님께서는 사랑 가운데 당신과 자유롭게 연합할 운명을 지닌 피조물에게서 그 운명 자체를 훼손하지 않는 한 악이 고유한 역사를 갖는 것을 허용하실 수 있다. 그분은 독단적으로 결정한 영원한 법을 따라 역사를 빚어내는 유일한, 누구도 저항할 수 없는 행위자가 아니다. 하느님의 의지와 하느님의 허용을 구별해야 한다고 가장 끈질기게 주장했던 토마스 아퀴나스는 섭리의 논리와 관련해 우아하고도 간결한 진술을 남겼다.

> 하느님께서는 더 작은 악이 부재하는 것보다 더 큰 선을 사랑하시기에 더 큰 선이 있기를 의도하신다Deus plus amat quod est magis bonum, et ideo magis vult praesentiam magis bani quam absentiam minus mali.[12]

물론 이러한 진술은 결코 이반을 달래지 못할 것이다. 소녀가 겪은 고통이 (생각할 수 있는 "더 큰 선"과 견주었을 때) 겨우 "작은 악"에 불과하다는 말인가? 이는 너무나 거대하고 화해 불가능한 악이기에 영원의 마음에 박혀 하느님의 자비와 정의를 영원히 반박하고 있지 않은가?

어쩌면 이 물음에 설득력 있는 대답은, 적어도 말로 표현할

---

[12] 더 큰 선과 더 작은 악에 대한 구절은 토마스 아퀴나스의 『진리론』 Quaestiones disputatae de veritate 제5 문제 제5 문항 제3 반론에서 찾을 수 있다. 위에서 언급한 내용에 이어서 그는 말한다. "그러므로, 어떤 더 큰 선이 발생하기 위해서 (하느님은) 어떤 이가 아주 혐오스러운 악한 행위에 빠지는 것을 허용하신다ideo ad hoc quod aliqua bona maiora eliciantur, permittit aliquos in mala culpa cadere, quae maxime secundum genus sunt odibilia."

수 있는 답은 없을 것이다. 누군가는 아퀴나스의 진술에서 영광을 "보는" 이도 있고, 보지 못하는 이도 있을 것이다. 믿는 이도 있고, 믿지 못하는 이도 있을 것이다. 중요한 점은 어떠한 반응이든 이는 근본적으로 선에 대한 사랑에서 나왔다는 것이다. 하느님을 믿든 믿지 않든, 절대적인 목적론과 무미건조한 형이상학적 낙관론의 유령을 몰아내면 구원의 은총이 미묘하게 작동하는 가운데 (지적으로, 도덕적으로) 우리는 참된 희망을 할 수 있다.

그리고 어떤 면에서 고통받는 소녀를 향한 이반의 사랑, 연민은 마성적demonic으로 변할 수 있음을 우리는 알아야 한다. 소녀가 차라리 이 세상에 없는 게 나았으리라는 생각, 타락한 피조물에게 학대를 당하느니 차라리 상처입은 자유를 지닌 우주의 시간으로 부름받지 않는 편이, 그리하여 하느님과의 이성적 연합으로 부름받지 않는 편이 나았으리라는 생각은 마성적이다. 이반은 정의감에 우쭐한 나머지 소녀를 놓아주기보다는 (천국에 대한 자신의 반란을 집약한 영원한 상징으로) 소녀를 어둠의 고통 속에 영원히 가둘 수도 있다.

그리스도인에게 존재한다는 것은 최초의 선이며, 영광의 하느님께서 대가 없이 주시는 최초의 선물이다. 그리고 영혼이 자유롭게 운동하는 가운데 하느님과 연합하는 것은 최상의 선이다. 다시 말하지만, 존재의 무한한 선을 믿기 위해서 인간은 반드시 이를 볼 수 있어야 한다. 이를 보았을 때 나오게 되는 것은 어떤 단순한 논증이 아니다.

그러나 누군가 제1 원인과 제2 원인, 혹은 초월적 원인과 내재적 원인의 차이를 이해하지 못하고 하느님의 "두려운 주권"dread sovereignty에 비굴하게 굴복하거나 매혹되어 하느님의 사랑과 선을 더럽히는 신학적 숙명론을 내세울 때 이반의 반란은 그 무엇보다도 견고하고 무너뜨릴 수 없는 성으로 남게 된다. 9세기 (오르바이스의) 고트샬크Gottschalk of Orbais*가 주장한 조잡한 "이중 예정론"double predestinarianism은 그 대표적인 예다. 개신교 전통의 특정 흐름에서 나온 '제한 속죄 교리'limited atonement 역시 마찬가지다. 이 이단은 제1 원인과 제2 원인의 차이를 망각할 때 그리스도교 사유가 얼마나 재앙을 맞이하게 되는지를, 특히 종교개혁의 유산을 얼마나 심각하게 망가뜨리는지를 보여준다. 당연히 이 교리는 성서와 완전히 모순된다.

> 그분은 우리의 죄를 용서해주시려고 친히 제물이 되셨습니다. 우리의 죄뿐만 아니라 온 세상의 죄를 용서해주시려고 제물이 되신 것입니다. (1요한 2:2)

---

* 오르바이스의 고트샬크(803?~868?)는 가톨릭 신학자이자 수도사, 시인이다. 어린 시절부터 수도원에서 생활해 베네딕도회 수도사가 되었고 838년경 사제 서품을 받았다. 아우구스티누스의 논의들을 바탕으로 이중 예정론을 강하게 주장했고 이탈리아, 발칸 제국, 불가리아 전역에 이 논의를 전파했다. 이를 두고 교리 논쟁이 일어났고 이단 판정을 받았다. 그 결과 대부분의 저술이 불태워졌다. 1930년 이중예정론과 관련된 짧은 논문이 발견되었으며 몇 편의 시도 발견되어 '시인'으로서의 면모가 재평가받고 있다.

제한 속죄 교리를 지지하는 이들은 하느님의 보편적 구원 의지를 언급하는 성서 구절이 오직 구원의 대상으로 선택된 이들에게만 해당하는 구절이라고 주장한다. 그러나 이는 디모테오에게 보낸 첫째 편지에 나오는 구절과 모순된다.

> 하느님께서는 모든 사람('판타스 안트로푸스' πάντας ἀνθρώπους)이 다 구원을 받게 되고 진리를 알게 되기를 바라십니다. (1디모 2:4)

의지와 허용의 유의미한 차이가 사라질 때, 창조주 하느님의 초월적 인과 관계를 경험 세계를 구성하는 내재적 인과율의 망과 혼동할 때 우리는 하느님께서 의도하신 일이 곧바로 시간 안에서 일어나는 일로 전환되지 않을 수도 있음을 상상할 수 없게 된다. 그리고 그렇게 되면 성서의 권위와 하느님의 정의는 하느님의 절대 주권이라는 가차 없는 논리 앞에 굴복하게 된다.

하느님의 순전한 전능성에 대한 이 과도한 숭배는 칼뱅이 『그리스도교 강요』Institutio Christianae Religionis 3권에서 제시했듯 하느님께서 당신의 위대함을 드러내기 위해 영원 전부터 구원받을 이들을 정하셨으며 인간의 타락을 예정하셨다는 어리석은 결론을 도출한다.[13] 이는 악과 고통의 문제와 그리스도교가 증언하는 하

---

[13] 하느님께서 타락을 예정했다는 칼뱅의 주장은 『그리스도교 강요』 3권 23장 7절에서 찾을 수 있다. "하느님께서는 처음 사람의 타락과 그로 인해서 후손이 멸망할 것을 예견하셨을 뿐 아니라, 그 자신의 결정에 따라서 그렇게 되도록 계획하셨다." 그의 논리는 매우 단순하다. 하

느님을 연결해 생각할 때 일어날 수 있는 가장 불행한 일이다. 저 견해가 맞다면, 하느님은 선과 악 모두의 근원이거나, 선과 악 모두를 완전히 넘어선 존재, 혹은 둘 다이면서 동시에 둘 다 아닌 존재, 혹은 (정의 없는 권력이 그러하듯) 순전한 악에 지나지 않을 것이다.

'이중 예정', '제한 속죄'와 같은 교리의 기이한 부조리는 피조물이 지닌 미약한 자유로부터 하느님의 초월성을 방어하려는 경건한 불안에서 나왔지만, 실제로는 하느님과 세계, 하느님과 인

느님께서 앞으로 일어날 모든 일에 대한 완벽한 선지식을 갖고 계시므로 이 세계를 창조하시기로 선택했을 때 창조세계에서 일어나는 모든 우연한 일을 직접 결정하셨음을 믿어야 한다는 것이다. 분명 칼뱅은 세계를 창조하는 하느님의 자유로운 결정을 무한히 가능한 세계 중 임의로 한 세계를 선택하신 것으로 보고 있다. 그렇지 않다면 그의 논증은 아무런 힘도 갖지 못한다. 이는 분명 창조에 대한 잘못된 생각이다. 그리고 이는 칼뱅의 그리스도론이 지닌 약점을 반영한다. 여기서 상세히 논할 수는 없지만, 반드시 기억해야 할 것은 이 세계는 예수의 세계이기 때문에 하느님께서 창조하셨으며 하느님의 어떤 활동도 "임의적"인 것은 없으며 있을 수도 없다는 것이다. 예수는 신적 로고스가 취한 우연한 개별자가 아니다. 예수는 자신의 신적 영광을 비우고 인간이 된 하느님이다. 그러므로 인간이, 세계가 타락했든 타락하지 않았든 이 세계는 하느님의 참된 세계다. 내 주장은 "타락 전에 예정된"supralapsarian 성육신 교리를 전제하며 이는 정교회 전통에서 광범위한 합의를 이루고 있는 의심할 바 없이 (비록 아퀴나스와 같은 위대한 신학자는 의심을 보이기는 하나) 올바른 교리다. 하느님의 의지와 허용의 구분을 거부하는 칼뱅의 논증은 『그리스도교 강요』 3권 23장 8절에서 찾을 수 있다. "하느님의 의지와 허용은 서로 구별되지 않는다. ... (이를 지지하는 이들은) 악한 자들이 멸망하는 것은 하느님께서 이를 허용하시기 때문이지, 그것을 뜻하시기 때문은 아니라고 주장한다. 그러나 하느님께서 그렇게 되는 것을 뜻하시지 않았다면, "허용"을 말하는 것은 무슨 이유인가? 하느님께서 허용하시기만 하고 아무것도 의도하시지 않았는데 사람이 자기 힘으로 멸망을 초래했다는 것은 생각할 수 없다."

간, 그리고 하느님과 악마를 동일시함으로써 하느님의 초월성을 붕괴시킨다는 점이다. 세계가 하느님과 구별되며 하느님에게 의존하나 하느님의 자유와 유사한, 고유한 실제 자유를 갖고 있지 않다면, 만물은 그저 신적 의지의 파편일 뿐이며 하느님은 단순히 존재하는 모든 것, 발생하는 모든 것의 총합일 뿐이다. 여기에 창조란 존재하지 않는다. 다만 신이라는 순수한 힘의 기이한 범신론적 표현pantheistic expression만 있을 뿐이다. 이쯤 되면 '이중 예정'과 '제한 속죄'를 주장하는 이들에게는 일종의 뒤집힌 프로메테우스주의Prometheanism, 즉 피조물이 되기를 거부하는 욕구, 신의 고독하고 독단적인 의지에서 나오는 행위, 한없이 타오르는 불길에 (자신이) 사라져버리기를 바라는 욕구가 있는 것은 아닌지 의심할 수밖에 없다. 어떠한 경우든 그러한 신, 즉 의지 그 자체이기만 한 신은 (주권의 영광 가운데 영광의 주권을 드러낸다는 식으로) 무한한 동어반복의 신, 그러므로 무한히 따분한 신에 지나지 않는다.

이에 견주면 창조와 관련해 하느님의 설계에 대한 이반의 비난에는 비록 은밀하게 감추어져 있으나 더 깊고, 더 참되고, 더 급진적이며, 더 혁명적인 그리스도교의 예언자적 음성이 들어 있다. 하느님의 참된 본성, 정의와 주권이 한 어린이의 죽음, 한 영혼의 버림받음, 예정된 지옥을 통해 드러난다면 그를 악의로 가득 찬 가증스러운 데미우르고스로 여기고, 그를 경멸하고, 숭배하기를 거부하고 더 나은 하느님을 찾는 것은 잘못된 일이 아니다. 그러나 그리스도께서는 정의를 결여하고 사랑을 거스르는 모든 권세의 천신을 타도하셨으며 이 세계의 신을 몰아내셨다. 그러므로 우리는 (심지어 필멸할 몸을 입고 있는 지금도) 제멋대로인 힘에 대한 노예 상태에서, 지옥의 지배에 대한 두려움에서, 숙명에 대한 미신을 바탕으로 이루어지는 복종에서 자유롭다. 그리고 바로 이 자유야말로 이반의 반란 깊은 곳에 감추어져 있으나 여전히 활동하고 있는 거룩한 자유holy liberty, 즉 복음the gospel이다.

V

앞에서 인도양 참사가 일어난 직후 가장 현명한 반응은 침묵일지 모른다고 말한 바 있다. 두 달이 지나고 수많은 말이 나온 다음, 여기서 한 말이 적절한지, 아주 조금이라도 적합한지 나는 확신하지 못한다.

이 책에 실린 두서없는 성찰들의 계기는 두말할 것 없이 인도양 참사이지만, 분명 여기서 다룬 이야기들은 엄청난 파괴력을 지닌 자연의 끔찍한 폭발에 희생된 이들의 고통에 대한 직접적인 논의는 아니다. 고통과 마주해 꼭 어떤 이론 작업을 벌여야 하는지 나는 잘 모르겠다. 이 책은 변증서도 아니다. 나를 심란하게 하는 이들은 자신을 의롭게 여기며 거들먹거리는 불신자들인 경우보다는 얼음같이 냉정하거나 마냥 감성적이기만 한 특정 신앙인들인 경우가 더 많다.

비록 이곳저곳에서 그리스도교 철학 전통의 전문 용어들과 논의들을 (설득력이 있기에는 너무 가볍고, 완전히 명료하기에는 너무 무겁게) 언급하기는 했지만, 이 책은 '전문' 신학 서적이나 '철학적 신학' 서적이 아니다. 위로 같은 것을 주는 책은 더더욱 아니다. 이 책의 목적은 기본적으로 내가 이해하는 하느님의 선하심 (과 이에 관한 성서의 주장), 구원의 형태, 악의 본성, 타락한 세계의 상태를 나의 능력이 닿는 곳까지 설명하는 데 있다. 같은 맥락에서 이 책의 목적은 누군가가 그리스도교 신앙을 받아들이게 하는 데 있지 않다. 다만 나는 이 책을 통해 그리스도교를 비방하는 이들과 수호하는 이들이 제시한 많은 주장이 모두 복음의 가장 중요한 측면을 제시하는 데 실패했음을 보여주려 했고 어디서 그러한 실패가 발생하는지를 드러내려 했다.

이 책에서는 그리스도교 신앙에 대한 회의주의자들의 공격에 맞서는 것만큼이나 그리스도교 신앙에 대한 결함 있는 설명들의 문제점이 무엇인지를 드러내기 위해 애썼다. 넓게 보면 회의주의자들의 공격은 자신들이 적대감을 보이는 대상을 벗어나 있어서 별다른 위험이 되지 않는다. 누군가는 이 책 후반부를 읽고 내가 칼뱅주의를 매우 싫어한다고 여길 수도 있지만, 이는 결코 내가 의도한 바가 아니다. 다만, 이는 (부분적으로) 내 『월스트리트 저널』 칼럼을 비판한 이들 중 인도양 참사로 인한 사망자들(이들 중에는 수많은 아이가 있다)에 대해 가장 냉담한 반응을 보였던 이들, 하느님께서 세상에서 일어나는 악의 직접적인 원인이 아닐 수도 있다는 주장을 가장 적대하고 비난했던 이들이 모두 엄격한 칼뱅주의자들이었다는 현실을 반영할 뿐이다. 그러니 논의의 형태는 이미 어느 정도 정해져 있던 셈이다. 어떤 면에서는 동방 정교회 신학과 개혁주의 신학 사이에 너무나도 커다란, 결코 화해할 수 없는 차이가 있다는 현실을 반영한다고도 볼 수 있다. (비록 칼뱅은 존중할 만한 특정 주석 전통 안에서 사유했지만) 칼뱅이 다루었던 다양한 신학 주제 중 어떤 부분은 내 생각에 매우 잘못되었고 신약성서에 담긴 참된 신학과는 너무도 멀리 떨어져 있다. 나는 이를 애써 감추려 하지 않았다. 물론, 칼뱅의 전체 신

학 사상은 순수예정론보다 훨씬 더 풍부하다는 점을 나는 알고
있다. 하지만, 칼뱅 및 그와 동시대를 살았던 종교개혁 신학자들
이 고대와 중세 시기 스콜라 신학의 세부 논의들을 좀 더 진지하
게 받아들였다면, 교부 사상의 풍부함을 진심으로 받아들였다면
신학의 풍경은 사뭇 달라졌을 것이다.

신학 지식이 어느 정도 있는 독자들은 이 책에 매우 무례하고
우스꽝스러우며 기이해 보이는 점이 있다고 여길지도 모른다.
미약하게나마 영지주의에 대해 공감하는 듯한 인상을 준다는 것
이다. 실제로, 중요한 측면에서 나는 오늘날 그리스도교 신앙보
다 고대 영지주의가 신약성서가 제시하는 전망에 훨씬 더 가깝
다고 확신한다(물론 그 반대도 참일 가능성을 배제하지는 않는다). 적
어도, 영지주의자들은 초대 그리스도인들과 같은 세계를 상상했
고, 같은 영적 세계에 머물렀다. 바울처럼 영지주의자들도 이 세
상의 천신들, 세력들, 요소들을 단순히 신화나 우의로 받아들이
지 않았다. 그리고 바울처럼 자신들이 "이 세상의 신"의 폭정에
서 자유롭게 되었다고 선언했다. 바울과 요한 복음의 저자처럼
영지주의자들도 영적 해방을 "이 세계" 질서를 전복하는 것으
로, 지상과 천상의 옛 세력들의 지배에서 해방되는 것으로, 죽음
의 왕국에서 영광스럽게 탈출하는 것으로 이해했다.

때때로 (이를테면 어둠 속에서 고통받으며 울고 있는 어린 소녀를 생
각하며) 영지주의자들과 같은 정념에 흔들려 본 적이 없는 그리
스도인, 이 세상의 흐름에 분노해 본 적이 없는 그리스도인, 이

세상과는 다른 완벽한 세상을 향한 갈망에 사로잡히는 낯설고도 친근한 경험을 해보지 않은 그리스도인은 신약성서의 영적, 도덕적 감성을 결코 온전히 헤아리지 못할 것이다.

그러나 경미한 공감을 깊은 공경으로 오해해서는 안 된다. 근대에 몇몇 이들이 영지주의의 다양한 체계들을 독창적인 우의로 간주하고 영지주의를 강하게 변호하기는 하나, 영지주의에는 형이상학적 세련됨이 없고 그 결과 터무니없는 신화에 의존한다는 사실은 변하지 않는다. 근본적으로 영지주의는 철학적으로 일관성이 없는 이원론이다. 현재까지 남아 있는 영지주의 문헌 중 어떠한 문헌도 요한 복음의 미묘함, 비범함, 심오함을 넘어서지 못한다. 탁월한 상징을 구사하지도 못한다. 영지주의는 존재가 논리상 필연적으로 하나됨을 지향한다는 깨달음, 만물은 반드시 같은 창조의 원천, 동일한 초월적 로고스에서 흘러나와야 한다는 인식을 보여주지도 않는다. 그렇기에 만물은 본질적으로 선하며 만물을 지으신 하느님과 분리될 수 없다는 이해 또한 영지주의에는 담겨 있지 않다.

반면 신약성서는 위에서 언급한 내용으로 생기가 넘친다. 신약성서는 세상에 대한 지적으로 대담하고 영적으로 심오한 통찰을 제시한다. 세상은 하느님의 선한 피조물κτισζ임과 동시에 타락한 자연κόσμος이며 이성을 지닌 피조물의 본성적 의지와 선택적 의지가 영적 투쟁을 벌이는 영역이다. 이에 견주면 영지주의자들의 주장은 철학적으로 무능하고 유치하며 그들이 제시하는 전망은 지루하기 짝이 없다.

그러므로 이 책에서 영지주의에 공감하는 대목은 실제로는 신약성서의 우주론, 구원론의 심상들을 향한 편애를 내비친 부분들이다. 현대 그리스도인들이 초대교회의 천사론이나 악마론을 잘 모른다는 점, 그리고 관심도 없다는 점은 이해할 만하다. 그렇다고 해서 타락하고 망가진 세상은 하느님께서 허용한, 하느님을 거스르는 이성적 자유 의지의 산물이라는 점, 그리고 그리스도께서는 진실로 창조세계를 구원하고 정복하고 구출하기 위해, 만물에 작동하고 있는 악의 힘을 물리치기 위해 오셨다는 의식이 얼마나 철저하게 복음에 스며들어 있는지를 망각해서는 안 된다. 타락과 구원에 관한 이 거대한, 그리고 위대한 서사는 결코 어떤 촌극寸劇, Charade 따위가 아니다. 하느님께서 당신의 절대적 특권이 무엇인지를 우리에게 가르쳐 주시기 위해 영원 전부터 준비한 연극이 아니다. 이 서사는 피조물의 자유와 온전한 은총이라는 신비가 빚어낸 실제 결과다.

결국, 영지주의자들의 조잡한 이원론은 하느님의 의지에 대한 세련되지 못한 신학적 일원론theological monism과 동일한 철학적 오류의 산물이다. 두 이론 모두 하느님께서는 자신의 무한성infinity과 초월성transcendence을 통해 자신을 약화하거나 감소시키지 않고서도 자신 안에 유한한 피조물이 실제로 존재할 수 있는 공간을 만들어내실 수 있음을, 따라서 그분은 자신을 약화하거나 감소시키지 않고서도 자신의 자유로운 결정을 통해 유한한 이성적 의지가 실제 자유를 누릴 수 있는 공간을 만들어내실 수 있음을 이해하지 못한다. 물론 이와 관련해서는 훨씬 더 길고도 정교한 논의가 필요하므로 여기서는 이 점을 분명히 하는 것으로 충분하다. 하느님은 당신의 피조물을 향해 자애로운 뜻을 품고 계신다. 즉 만물이 자신의 무한한 선을 향하도록 의도하셨으며 그렇게 창조의 능력을 발휘하셔서 만물이 존재케 하셨으며 완전한 행복으로 만물을 부르신다. 그러나 이 말이 이 세상에서 일어나는 모든 일이 곧 피조물을 향한 하느님의 갈망을 직접적으로 보여주는 표현임을, 역사와 관련된 하느님의 계획 속에서 필수 요소임을 뜻하지는 않는다(아니, 그래서는 안 된다).

어떤 이들은 이렇게 이야기하는 것을 견딜 수 없는 잔재, 일종의 무리수를 남기는 것으로 여긴다. 그들은 모든 사건이 우주의 역사라는 이야기에서 (우연하고 간헐적인 요소가 아니라) 실질적이고 유기적인 요소로 자리 잡지 못하면, 종말에 있을 역사의 최종 종합에서 특정 기능을 하지 않으면 우주의 논리적 정합성이 무너진다고, 이러한 가운데 이 세상 이야기를 궁극적으로 해결하는 하느님은 사실상 기계 장치의 신에 지나지 않는다고 생각한다.

하지만, 그렇지 않다고 해서 잃을 것은 없다. 우주의 정합성은 실재하며 실체를 지닌 자신의 피조물을 구원하고자 하시는 하느님의 활동으로 보존되지, (궁극적인 선의 결여인 악을 얼마나 반영하든 반영하지 않든 간에) 모든 사건의 모든 차원에 신적 근거를 제시한다고 해서 보존되지 않는다. 물론 한 초월적인 섭리가 제 2 원인의 수준에서 일어나는 모든 일, 자연 혹은 역사에서 일어나는 모든 일을 다스리고 있다는 생각, 하느님께서 종말에 궁극적인 종합을 하며 모든 고통과 상실을 정당화하시리라는 생각, 보편적 목적론이 저 모든 일을 필수불가결한 계기로 삼을 것이라는 생각은 우리에게 일정한 위안을 주기는 한다. 그러나 그 위안을 얻기 위해서는 대가를 치러야 한다. 즉 저 위안을 얻기 위해서는 모든 잔혹한 일, 모든 우연한 불행, 모든 재앙, 모든 배신, 세상이 알고 있는 모든 죄에도 불구하고 자신의 선한 목적을 실현하는 신, 좀 더 정확하게는 저 모든 일을 통해서만 자신의 선한 목적을 실현하는 신을 믿고 사랑해야 한다. 디프테리아에 걸린 아이의 죽음이, 한창 아이를 기르고 있는 젊은 여성이 암에 걸리는 일이, 수만 명의 아시아인이 순식간에 밀어닥친 해일에 목숨을 잃는 일이, 집단처형장, 집단 수용소에서 수백만의 사람이 죽는 일이, 수많은 이가 기아로 세상을 떠나는 일이 영적으로 필요한 일이었다고, 영원의 가치가 있다고 믿어야 한다. 이로써 우주는 이해가 되지만 하느님은 도덕적으로 혐오스러운 존재가 된다. 세계에서 평안을 얻기 위해 세계를 창조한 분을 혐오스러운 존재로 만들다니, 참으로 기이한 일이다.

이 모든 이야기를 다소 다르게 표현해보자면, 다른 이의 슬픔을 덜어주기 위해 입 밖으로 내서는 안 되는 말은 자신의 경건함을 만족시키기 위해서도 입 밖으로 내서는 안 된다.

이 책을 쓰기 위해 옆에 치워놓은 『뉴욕타임스』New York Times에는 스리랑카 참사에 관한 소식이 실려 있었다. 다섯 명의 자녀 중 네 명이 쓰나미에 쓸려가 버리는 것을 막지 못한 거대한 체구의 남성이 잃어버린 아이들의 이름을 나이순대로 기자에게 말해 주었다. 그리고 마지막으로 막내 아이의 이름을 부르며 그는 오열했다.

오직 양심이 메말라버린 천치만이 분노한 그에게 다가가 그를 위로해 주기 위해 아이들은 하느님의 영원하고 불가해하며 정의로운 계획 속에 세상을 떠난 것이며, 아이들의 죽음은 하느님의 목적에 신비로운 방식으로 기여했고, 이 모든 일은 하느님께서 세상을 창조하실 때부터 갖고 계셨던 궁극적 설계를 완성하는 데 필요했다고 말할 것이다. 대다수 사람은 그런 말을 내뱉는 일이 얼마나 수치스러운 일인지를 이미 알고 있다. 그런 말은 가장 어리석고 허세 가득한 신정론보다도 위안을 주지 못한다. 그런 끔찍한 말, 하나 마나 한 말, 사실상 하느님을 모독하는 경솔한 말은 마땅히 혐오해야 한다.

다시 한번, 우리는 되새겨야 한다. 다른 사람이 슬픔에 잠겨 있을 때, 현실에서 견딜 수 없을 정도로 고통을 겪고 있을 때, 고통과 하느님의 뜻을 연결해 말을 건네는 것이 치욕스럽고, 어리석으며, 잔인한 일이라고 생각한다면 우리는 결코 그런 말을 해서는 안 된다. 우리의 혀를 잠잠하게 해야 하는 이유는 그 말이 경솔한 말, 때에 맞지 않는 말일 뿐 아니라 극도의 불쾌함을 일으킬 수 있는 말, 어리석기 그지없는 말, 무엇보다도 상대가 아닌 자신을 위로하기 위한 거짓말, (하느님이 아닌) 전능하고 자애로운 하느님을 믿는 '자기 자신'을 변호하는 말임을 (설령 나중에는 잊어버린다 해도) 알고 있기 때문이다. 게다가 이러한 말을 건네는 것은 고통을 겪고 있는 이가 복음의 핵심을 이루는 지식을 갖지 못하게 가로막는 행위나 다름없다. 그 지식이란 바로 죽음은 악하며, 본질적으로 거짓이며, 불의하게 세상을 지배하고 있다는 것, 그럼에도 궁극에는 무효가 되리라는 것이다. 하느님께서는 우리의 죽음을 기뻐하지 않으신다. 이를 통해 무언가를 얻지도 않으신다. 그분은 은밀히 악을 창조한 분이 아니다. 그분은 지옥의 정복자이며 죽음과 악에 관한 모든 것을 십자가의 능력으로 물리치신다.

하느님은 생명이시며 빛이시고 무한한 사랑이다. 그분은 자연과 역사를 통해 우리를 당신의 나라로 인도하시지만, 단순히 자연과 역사의 윤곽을 따르지는 않으신다. 자연과 역사의 내적 논리에 복종하지도 않으신다. 오히려 그분은 '빈 무덤'이라는 (자연 질서와 역사의 흐름을 거스르는) 부조리, 혹은 격노를 통해 우리에게 당신에게로 향하는 길을 열어젖히신다.

그러나 그리스도인들이 현실의 참혹함만을 바라보아야 하는 것은 아니다(아니, 그렇게 해서는 안 된다). 인도양 상부에 있는 안다만해와 벵골만 연안에 흩어져 있는 수많은 시신(그중 3분의 1은 아이들이다)을 바라보며, 이 모든 비극에 궁극적 의미나 목적이 있다는 공허한 위선으로 우리 자신과 다른 이들을 위로할 필요가 없다. 결국, 그리스도교는 구원의 종교다. 우리는 하느님께서 죄의 부조리, 공허한 죽음, 생명의 낭비, (어리석은 우연이든 이해타산에 따라 나오는 악의든) 살아 있는 영혼들을 산산이 부수는 힘들로부터 당신의 피조물을 구원하기 위해 오신다고 믿는다. 하느님께서는 이러한 현실을 증오하도록 허락하셨다. 그리하여 그분은 모든 공간과 시간을 통해, 이 우주, 그리고 시간은 단지 당신이 본래 의도하신 참된 시간, 더 온전하고 더 풍성하며 더 실재하고 더 영광스러운 창조세계의 그림자임을 우리가 믿도록 허락하셨으며 이를 요구하신다.

자연의 모든 것은 하느님의 아름다움을 비추는 부서진 거울이다. 여전히 빛으로 가득 차 있지만, 어둠으로 인해 산산이 조각났다. 물론 우리가 살아가는 세상이 타락한 세상이라는 진실은 믿지 않는 이들에게 증명해 보일 수 있는 성격의 진실이 아니다. 이는 신앙의 제1 원리는 아니지만, 역사를 통해 시간 전체를 구원하는 그리스도의 활동이 비추는 빛을 보게 될 때, 그리스도를 알 때만 드러나는 진실이다. 자연이나 역사라는 시간의 연속적인 흐름 가운데서는 이성을 지닌 피조물이 타락했으며 세계가 죽음의 지배를 받고 있다는 진실이 드러나지 않는다. 상처입은 세계라는 폐쇄적인 연속체 안에서는 이를 발견할 수 없다. 이 진실과 진리는 시간의 다른 틀, 다른 종류의 시간, 죽음이 지배하는 시간보다 더 실재하는 시간에 속해 있다.

그러나 그리스도를 통해 이 세상의 본성과 가야 할 신성한 종착지를 배우며 우리는 이 지상에 있는 모든 사물, 이 지상에서 일어나는 모든 사건에는 수백만 개의 별보다 더 찬란하고 우리가 상상할 수 있는 그 무엇보다도 아름다우며 우리가 진실로 갈망했던 영광이 감추어져 있음을, 그 영광이 드러나기를 기다리고 있음을 알게 된다. 이 영광을 전혀 볼 수 없는 것은 아니다. 분명 베일에 가려져 있지만, 이 영광은 만물 안에서, 만물 위에서, 만물을 통해서 빛난다. 만물의 소멸하지 않는 선은 존재하는 모든 것 안에서, 모든 것을 통해 자신을 드러낸다.

인도양이라는 광대한 바다에서도 저 영광은 모습을 드러낸다. 특히 이 바다가 한낮에 은빛과 하늘색 빛 물결을 보일 때, 석양빛 아래 금빛과 쪽빛으로 빛날 때, 달빛 아래 흑옥색과 진줏빛을 자아낼 때, 부드럽게 밀려오는 파도가 해변에서 부서지고 아무 피해도 없이 물러갈 때 우리는 이를 볼 수 있다. 그러나 바다의 문들이 열려 바닷물이 갑자기 회색과 누런색으로 둔탁해지고 어떤 의도나 생각, 자비도 없이 그저 단순히 모든 것을 파괴하고 죽이기 위해 솟구칠 때조차 감춰진 영광은 여전히 존재한다.

이러한 순간에도 모든 피조물에 깃든 선을 보기 위해서는 각고의 노력이 필요하다. 그리고 이를 가능케 하는 것은 오직 부활에 대한 신앙뿐이다. 찬란히 빛나고 사그라지지 않으며 순수하지만 죽음의 지배를 받아 쇠약해진 세계는 신음하며 아직 드러나지 않은 영광을 고대한다. 이 세계는 아직 오지 않은 하느님

나라에 대한 약속이며 그 아름다움의 전조다.

그러나 그 최후의 영광이 올 때까지 세계는 빛과 어둠, 생명과 죽음이 함께 자라나 추수를 기다리는 두 나라로 나뉘어 있을 것이다. 그러한 세계에서 우리의 몫은 사랑이고 우리의 자양분은 신앙이며 이는 마지막 날까지 그러할 것이다. 위안이 있다면, 우리가 위안을 얻을 수 있다면 이는 한 아이의 죽음을 마주했을 때 우리가 보는 것은 하느님의 얼굴이 아니라 원수의 얼굴이라는 것이다. 이는 진실로 복된 지식이며 이보다 더 위대한 지식은 상상할 수 없다. 이반 카라마조프 같은 이에게는 이 신앙이 결코 믿을 만한 것으로 보이지 않을 것이다. 그의 양심은 여전히 요동치고 그는 평화에 머물지 않은 채 반란을 이어갈지도 모른다. 그러나 그의 논증들은 이 신앙을 이길 수 없다. 이 신앙은 이미 오래전 우리를 낙관론에서 해방시켰으며 대신 우리에게 희망을 가르쳤기 때문이다.

이제 우리는 역사와 자연에 내재한 원리를 통해서가 아니라 은총으로 구원받는다는 것을 기뻐할 수 있다. 하느님은 역사의 무수한 가닥을 모아 하나의 거대한 종합을 이루시지 않는다. 그분은 역사의 많은 부분을 거짓되고 비난받아야 하는 것으로 심판하실 것이다. 그분은 타락한 자연의 숭고한 논리를 드러내지 않고 피조물에게 고통을 안겨다 주는 족쇄를 끊어버리실 것이다. 그분은 어둠 속에서 고통받는 소녀가 흘린 눈물이 하느님 나라를 이루는 데 필요한지를 보여주시기보다는 소녀를 일으켜 세우셔서 그녀의 눈에서 모든 눈물을 닦아주실 것이다. 그때는 죽음이 없고 슬픔도 울부짖음도 고통도 없을 것이다. 이전 것들이 다 사라져버렸기 때문이다. 그때에 옥좌에 앉으신 분은 말씀하실 것이다.

보아라, 내가 모든 것을 새롭게 만든다.

의문의 미진[1]

1755년 11월 1일, 거대한 지진이 리스본 앞바다를 강타했다. 그 도시에서만 약 6만 명이 죽음을 맞이했다. 처음에는 미진微 震, tremor으로, 그다음에는 30분 뒤에 들이닥친 쓰나미로 인해 세 상을 떠났다. 도시에는 화재가 일어났고 그나마 도시에 남은 부 분마저 불탔다. 지진으로 인해 발생한 쓰나미는 이베리아 해안, 북아프리카 해안에 죽음의 그림자를 드리웠다. 이듬해 볼테르 는「리스본 재앙에 관한 시」를 펴내 당대 널리 퍼져있던 신정론

---

* 이 책의 바탕이자 출발점이 되는 글인 『월스트리트 저널』 2004년 12 월 31일 금요일판 칼럼이다. 독자들의 이해를 돕기 위해 수록해 놓는 다. 해당 글은 『월스트리트 저널』 2004년 12월 31일 자에서 검색해 볼 수 있을 뿐 아니라 다음 책에도 실려 있다. David Bentley Hart, *In the Aftermath: Provocations and Laments* (Williams B. Eerdmans, 2008)

들을 향해 정교하고도 맹렬한 공격을 가했다. "모든 것이 좋다", "모든 일은 필연적이다"라고 주장하는 이들, 공들여 이 세계는 고통과 즐거움이 조화를 이루는 세계라고 주장하는 이들, 현재 세계가 가능한 모든 세계 중 가장 좋은 세계라고 공들여 주장하는 이들을 그는 한없이 경멸했다. 보편적 선이라는 방정식으로 과연 "엄마 품에 안긴 채 짓눌린" 아기들, 쓰나미로 인해 황폐해진 해안에서 "아무런 위로도 받지 못한 채, 한탄스러운 삶을 마감하고 있는 이"들, "개인의 불행이라는 치명적 혼란"의 가치를 계산할 수 있을까?

인간의 고통(특히 아이들의 고통)과 관련된 "하느님의 뜻"에 굴복하기를 거부하는 움직임 중 가장 강렬하고, 가장 충격적인 주장은 도스토예프스키의 『카라마조프가의 형제들』에 나오는 이반 카라마조프의 말일 것이다.

그러나 이반이 열거한 악행은 모두 인간이 저지른 잔혹한 일들이며 적어도 명백한 책임을 물을 수 있다. 이와 견주었을 때 자연재해는 인간의 죄악이 초래한 비극보다 정의롭고 선한 하느님에 대한 그리스도인들의 확신에 더 커다란 도전을 던지는 것처럼 보인다. 그러나 공정하게 생각해 보면 인간은 자연 질서의 일부이며 악에 휩쓸리는 인간의 성향은 물질세계에서 갑작스럽게 일어나는 끔찍한 재해 못지않게 형이상학적 낙관론의 양심을 건드리는 걸림돌이다. 자연에서 일어나는 끔찍한 일들, 그리고 역사에서 일어나는 끔찍한 일들을 두고 우리는 결국 같은 (오래된) 질문을 던질 수밖에 없다. '악은 어디서 오는가?' 볼테르가 우아하게 표현했듯 이 질문에 '거대한 존재의 사슬'의 균형이라는 답을 제시하는 것은 소용이 없다. 그 사슬은 하느님께서 쥐고 계시고 그분은 사슬에 속박되지 않기 때문이다.

그리스도인으로서 나는 악과 관련해 비그리스도교인이 만족할 만한 답을 상상할 수 없다. 하지만, 적어도 (악, 고통과 관련된 질문이 아무리 절박하다 할지라도) 볼테르가 제시한 답은 온전한 의미에서 "신학적"인 답은 아니다. 볼테르의 시가 그리는 신은 "이신론자"의 신이다. 이 신은 자신이 의도에 따라 정확하게 지금과 같은 모습의 세계를 빚어내고 지금과 같은 모습의 질서가 자리 잡도록 명령하며 쾌락과 도덕의 균형에 세심한 주의를 기울이며 모든 사건을 지휘한다. 종종, 신중하지 못한 그리스도인들도 그런 식으로 이야기할 때가 있다. 그러나 저 신은 그리스도교가 증언하는 하느님이 아니다.

악에 대한 그리스도교의 이해는 어떤 이신론자들의 이해보다도 더 급진적이며 더 환상적이다. 처음부터 그리스도교는 고통, 죽음, 악이 어떠한 궁극적인 의미도 지니고 있지 않다고 주장했다.

인류가 시원의 재앙으로 인한 오랜 후유증 가운데 살고 있다는 그리스도교의 가르침만큼 비그리스도교인들에게 충격적인 이야기, 견딜 수 없는 이야기는 없을 것이다. 이 가르침에 따르면 이 세계는 부서지고 상처입은 세계이며 우주의 시간은 진정한 시간의 환영이고 우주는 끊임없이 하느님을 적대하는 "권세의 천신들"과 "능력의 천신들"에 사로잡혀 고통받고 있다.

요한 복음에 따르면, 성육신한 하느님은 자신이 창조하신 세계, 그러나 자신을 적대하는 세계에 오셨다.

> 그는 세상에 계셨다. 세상이 그로 말미암아 생겨났는데도, 세상은 그를 알아보지 못하였다. (요한 1:10)

"세상"에 나타나심으로써 그분은 세상을 심판하시고 타락한 자연의 고통에서 피조물의 아름다움을 구해내셨다. 이 이야기를 어떻게 해석하든 간에 이는 건조한 우주적 낙관론이 아니다. 그렇다. 복음의 중심에는 뿌리 뽑을 수 없는 승리주의가 있다. 하지만 이는 세상에 대한 이러한 관점을 어떻게 보든 간에 이는 분명 건조한 우주적 낙관론은 아니다. "능력의 천신들"을 어떻게 해석하든, 그리스도교에서 증언하는 하느님을 믿든 믿지 않든, 신약성서 정경의 저자들은 타락한 세상에서 일어나는 모든 일이 직접적이고도 전적으로 하느님의 주권과 연결되어 있다는 일부 그리스도인의 관점을 지지하지 않는다. 현재 세계 질서를 도덕적으로 정당화하려는 신정론의 흔적도 전혀 찾을 수 없다. 복음의 핵심에는 뿌리 뽑을 수 없는 승리주의, 하느님의 뜻은 궁극적으로 패할 수 없으며 이미 악과 죽음에 대해 승리를 거두셨다는 확신이 존재한다.

그러나 이 승리는 아직 도래하지 않은 승리다. 바울이 말하듯, 모든 피조물은 하느님의 영광이 만물을 변화시킬 그 날을 고대하며 고통스럽게 신음하고 있다. 현재 우리는 어둠과 빛, 거짓과 진리, 죽음과 삶의 투쟁 가운데 살고 있다.

야만적이고 끔찍한 상황에 마주했을 때, 이 세상에서 고통을 겪는 와중에 인도양 연안 지역에 흩뿌려진 수만의 시신들(그중 3분의 1은 아이들이다)을 보며 누구도 이 모든 일이 하느님의 헤아리기 어려운 경고라고 말해서는 안 된다. 하느님의 선한 목적에 쓰이는 신비로운 도구라고 설득해서는 안 된다. 이는 두말할 것 없이 신성모독이다.

하느님께서는 죽음을, 생명이 소모되는 사건을, 살아 있는 영혼을 산산이 조각내는 사건을 증오하도록 허락하셨다. 피조물이 그 가운데 고통받고 있다고 믿도록 허락하셨다. 이 세상은 두 왕국으로 갈라져 있음을 보도록 허락하셨다. 그렇기에 우리는 알고 있다. "운명"에 맞서 우리를 존재케 하는 것은 오직 사랑뿐임을, 그러므로 세상이 끝날 때까지 사랑해야 함을.

하느님은 어디에 계셨는가?[1]

질문: 그리스도교 전통에는 세 가지 주장이 있습니다. '하느님은 전능하시다.' '하느님은 사랑이시다.' '악은 존재한다.' evil exists 그런데 이 주장들은 논리적으로 모순이라고 사람들은 말합니다. 이 중 하나는 수정되어야 한다는 데 동의하시나요?

데이비드 벤틀리 하트(이하 하트): "악이 존재한다"는 말이 악이 실체를 갖고 있으며 그렇기에 선이 존재하는 것처럼(아니면 어떤

---

* 이 인터뷰는 『바다의 문들』 출간 이후 데이비드 벤틀리 하트가 신학자 제이슨 바이어시Jason Byassee와 나눈 인터뷰다. 마찬가지로 독자들의 이해를 돕기 위해 수록한다. 위 인터뷰는 다음의 책에서도 볼 수 있다. David Bentley Hart, *In the Aftermath: Provocations and Laments* (Williams B. Eerdmans, 2008)

물질, 나무, 토끼, 생각, 혹은 꿈이 존재하는 것처럼) '존재한다'는 말이면 그 말은 그리스도교의 주장이 아닙니다. 전통은 언제나 이를 강하게 부정했습니다.

교부들과 중세 신학자들(분명 이들은 플라톤의 영향권 아래 있었습니다)은 악을 선의 결여로 정의했습니다. 순전히 무언가에 기생하는 그림자 같은 현실, 오염, 질병, 혹은 부재 등으로 묘사했지요. 그러나 악 그 자체는 어떤 사물이 아닙니다.

선과 존재가 하느님에게서 흘러나오며 하느님을 단 하나의 무한한 생명이라면 악에 대한 위와 같은 이해는 논리상 필연적인 결론입니다. 이러한 맥락에서 전능하시며 선하신 하느님과 악의 현실은 모순되지 않습니다. 피조물의 자유는 하느님께서 하시는 사랑의 활동의 일부며 그 사랑의 목적에 속한다는 이야기, 피조물의 목적인 최상의 선을 이루기 위해서는(사랑 가운데 하느님과 연합하기 위해서는) 피조물들이 자유롭게 이성을 발휘할 수 있는 '제2 원인'의 영역이 필요하다는 이야기는 그리 독창적인 생각은 아닙니다. 그러나 이 생각은 죄와 죽음이 세상에 횡행함을 인정하면서도 전능하고 선하신 하느님께서 결코 부당한 고통받는 이를 좌시하지 않으신다는 주장을 할 수 있게 해주지요.

그렇다면 그리스도교는 어떻게 이러한 판단을 내릴 수 있었을까요? 그 판단의 기준은 무엇일까요? 그리스도의 십자가와 부활입니다. 그리스도인들은 그리스도의 십자가를 바라보며 타락한 세상에서 일어나는 고통과 견주었을 때 하느님의 사랑이 얼마나 가치 있는지를 가늠해 보아야 합니다. 그리고 부활하신 그리스도를 바라보며 하느님께서 의도하신 영광을 이해하고 피조물의 자유가 빚어내는 장엄함과 비극성을 헤아려 보아야 합니다.

질문: 도스토예프스키의 소설 『카라마조프가의 형제들』에서 이반 카라마조프는 아이들이 잔인하게 살해당하는 일을 가리키면서 그 일에 어떤 "의미"를 붙일 수 있든 간에 아이들의 고통이 수반되는 방식으로 세상을 배열한 신을 믿지 않겠다고 선언합니다. 이반의 저항에 그리스도인은 어떤 말을 할 수 있을까요?

하트: 사실, 이반이 궁극적으로 거부하는 것은 '믿음'이 아니라 '합의'지요. 그는 아이가 고통을 겪어야 할 만큼 가치 있는 정의, 영광, 진리가 있다는 것을 인정하지 않습니다. 이반이 그저 반항적인 무신론자라면 그의 반론이 그토록 인상적이지는 않았을 것입니다. 차라리 그는 하느님의 질서에 맞서는 반역자입니다. 그는 설사 그 질서가 (자신의 유한한 이해를 넘어서는 방식으로) 완벽히 정당하다고 하더라도 반역자로 남으려 합니다. 그래서 누군가는 그의 저항을 무신론자의 소송이 아닌 탈신화화된 영지주의자의 선언, 데미우르고스로서의 신에 대한 강렬한 고발로 해석하기도 하지요. 좋은 해석입니다. 하지만, 이반의 저항을 움직이는 정념은 (이반 본인도 모르고 있는 것 같은데) 두말할 것 없이 그리스도교

신앙에 바탕을 두고 있습니다. (악과 고통과 관련된) 설명에 분노하고 온갖 잔인한 일, 흉포한 재난에서 의미 찾기를 거부하며 지금 겪고 있는 고통과 불행이 어떤 "행복한 결말"에 의해 정당화될 수 없다고 이야기하는 점에서 말이지요.

어떤 의미에서 『바다의 문』 전체는 이반의 반역에 대한 반응이라고 할 수 있습니다. 어떤 면에서는 이반에 대한 지지 선언이라고도 할 수 있지요. 강조하지만, 이반의 주장을 정확하게 이해하는 것이 중요합니다. 이반은 (19세기 후반 한 지적 유행의 흐름을 따라) 역사와 자연의 종말은 그때까지 일어난 모든 우연한 사건이 필수불가결한 요소로 자리매김할 수 있게 해주는 과정의 완결이라고 가정합니다. 같은 맥락에서 그는 하느님 나라라는 그리스도교의 약속을 고통받는 이들의 고통이 종국에는 정당함을 인정받을 것이라는 약속으로 받아들입니다. 이때 고통은 최후의 왕국, 사랑의 왕국에 통과하기 위해 필수 불가결한 일종의 출입증과도 같습니다. 그리고 바로 이점을 이반은 반대합니다. 아이들의 고통이 의미가 있고, 어떤 목적이 있다는 이야기, 어떤 의미에서는 좋은 일이고 심지어 필요하기까지 하다는 이야기를 그는 거부합니다. 이반의 생각에 아이들의 고통은 전능하고 선이시며 사랑인 하느님에 대한 신앙의 무한한 걸림돌입니다. 그는 아이들의 고통이 어두운 길목에서 빛나는 미래로 향하는 길목 수준으로 처리되는 것을 용납하지 못합니다.

저는 이 이반의 감성이 현대 그리스도교 신앙의 많은 면모보다 신약성서의 참된 비전에 훨씬 더 가깝다고 봅니다. 옛 교회가 선포한 복음은 피조물을 노예화하고, 피조물에게 고통을 안겨다 주는 저 세력들과 권세들(죽음도 여기에 포함됩니다)에 맞선 '반역' 이었기 때문이지요. 신약성서는 악을 합리화하거나 어떤 필연성을 부여하지 않습니다. 하느님께서 창조하신 세계에서 필수적인 역할을 맡는 요소로 보지 않습니다. 그리스도교는 성서를 바탕으로 악은 하느님의 목적을 좌절시킬 수 없으며 그분의 나라가 도래하는 것을 막지 못한다고 주장했습니다. 물론 이 세상의 온갖 악에도 불구하고 하느님께서는 섭리 아래 당신의 선한 목적을 이루실 것입니다. 그러나 그러한 이야기와 악이 하느님의 계획에서 필수적인 부분이라고, 하느님께서 당신의 나라를 이루시기 위해 악을 필요로 하신다는 이야기는 다릅니다. 그리스도의 빈 무덤이 보여주듯 하느님께서는 타락한 세계의 질서를 뒤엎는 방식으로, 타락한 세계를 구성하는 역사와 자연의 필연성이라는 권세를 산산조각내는 방식으로 우리를 구원하시고 회복하십니다. 이것이 하느님의 심판입니다.

질문: 그리스도인들은 종종 하느님께서 뜻하시는 바와 하느님께서 허용하시는 바를 구별하려고 노력합니다. 그러나 이러한 구분이 정말 도움이 될까요? 하느님께서 무언가를 허용하신다면, 세상에 악을 허용하신다면, 어떤 의미에서 이는 하느님 뜻의 일부가 아닐까요?

하트: 하느님의 창조 활동을 순전히 자의적인 활동이라고 생각하지 않는다면(무한한 선인 그분이 어떤 식으로든 제멋대로 활동하신다고 생각하는 것은 앞뒤가 맞지 않는다고 생각합니다만) 우리는 피조물을 하느님 말씀의 직접적인 표현으로 이해해야 합니다. 하느님께서는 전지전능한 '소비자'consumer가 아닙니다. 그분은 무한한 가능성 중에서 당신의 본성에 맞지 않는 하나의 세계(암이 없는 세계, 바흐가 없는 세계, 유아 사망률이 더 높은 세계 등)를 '선택'하신 것이 아닙니다. 창조는 그러한 식으로 이루어지지 않습니다. 이는 최악의 신인동형론입니다.

하느님께서는 예수의 세계를 창조하셨습니다. 하느님께서는 성령의 빛과 기쁨 가운데 있는 세계, 성자를 향한 당신의 무한한 사랑에 부합하는 세계를 창조하셨습니다. 그러므로 그분은 당신께서 창조하신 모든 피조물이 무한한 선을 지향하게 하십니다. 이것이 그분의 뜻입니다. 달리 말하면, 그분은 이 세계가 사랑 가운데 당신과 영원한 연합을 이루기를 바라십니다. 그리고 그분은 우리가 당신의 거룩한 본성에 참여하기를 바라십니다. 하느님께서 창조하신 다른 세계는 없습니다. 그분이 필연성에 얽매여서가 아니라 무한히 자유로우시기 때문입니다. 그 무엇도 하느님께서 피조물을 창조하시고 그 피조물들이 자유 가운데 당신의 영원한 아들과 친교를 나누게 하는데, 그렇게 당신의 본질과 무한한 선함을 완벽하게 표현하는 데 방해가 될 수 없습니다.

모호하고 이해하기 힘든 이야기로 들릴 수도 있습니다. 압니다. 그러나 하느님이 만물의 초월적인 원천이라는 말의 의미를 숙고한다면 우리가 빨간 옷 대신 파란 옷을 '선택'하는 것처럼 하느님께서 창조하기를 '선택'하셨다는 생각을 버려야만 합니다.

하느님께서는 당신과 피조물의 연합을 허용하는 이성적 자유의 영역을 창조하십니다(전통적인 용어를 쓰자면 하느님께서는 당신과 연합을 이룰 수 있는 모든 것을 담아 피조물을 당신의 형상으로 창조하십니다. 이는 삼위일체의 사랑, 영원한 연합과 유비를 이루지요.

질문: 칼뱅을 추종하는 이들은 하느님의 주권을 수호하는 것에 특별한 관심을 보여왔습니다. 당신은 이 전통이 오늘날 그리스도교의 사유에 어떤 문제를 일으킨다고 보십니까?

하트: 네, 이는 오늘만의 문제가 아닙니다. 저는 하느님의 주권에 관한 전통적인 칼뱅주의자들의 이해에 심각한 결함이 있으며 파괴적이라고 생각합니다. 루터Martin Luther도 마찬가지지만, 하느님의 자유와 관련된 칼뱅주의자들의 이해는 (근대적인 주체성 형성에 영향을 미친) 중세 후기 주지주의voluntarism와 직접적인 연관은 없습니다. 하지만, 칼뱅은 하느님의 주권을 매우 근대적으로 묘사했지요. 그는 하느님의 자유에 순수한 임의성, 순수한 즉흥성이라는 요소가 있는 것처럼 묘사했습니다. 이것만으로도 그의

자유 이해는 (하느님이든 인간이든) 자유에 대한 전통적인 그리스도교 이해와 다릅니다. 하느님의 뜻이 피조 세계에서 일어나는 모든 일의 직접적인 원인이어야만 하느님이 전능하신 분일 수 있다는 생각은 무신론자들의 허접한 비판을 심오해 보이게 만듭니다. 하느님께서 당신도 들어 올릴 수 없는 돌을 만드실 수 있느냐는 물음은 그저 말장난에 불과합니다. 그보다는 무한한 주권과 힘을 지닌 하느님이 피조물에게 당신의 뜻에 저항하는 자유까지를 주실 수 있는지를 묻는 것이 적절하지요. 이 질문은 그리스도교의 하느님 이해를 조롱하는 질문이 아닙니다. 그보다는 하느님과 인간의 자유를 적절하게 표현하기가 쉽지 않다는 사실을 보여주지요.

하느님께서 인간의 타락을 예정하셨다고, 그리하여 당신의 영광을 버림받은 현실, 저주받을 운명을 지닌 현실 가운데 드러나게 하셨다고 믿는 것, 그러한 방식으로 하느님의 주권을 이해하는 것에는 분명 문제가 있습니다. 고대 교회 공의회에 등장했던 그 어떤 이단들보다도 훨씬 더 하느님을 모독하는 생각입니다.

질문: 악이라는 부조리에 대한 당신의 견해는 결국 필연적으로 보편 구원으로 귀결되는 것 아닌가요?

하트: 글쎄요. 니사의 그레고리우스Gregory of Nyssa가 보편 구원을

이야기하기는 했습니다. 정교회에서는 교부 시대부터 지옥을 자초하는 것, 즉 자유 가운데 하느님과 이웃을 사랑하기를 거부하는 영혼의 상태로 정의합니다. 이러한 상태에 놓인 이는 하느님의 거룩한 사랑에 맞서 자기 자신을 봉인하고 하느님의 영광을 외부의 징벌로 경험하게 됩니다. 이것이 제가 믿는 지옥이며 우리는 모두 이따금 이 세상에서 이를 맛봅니다. 사랑을 거부하는 이에게는 사랑이 고통으로 다가오지요.

질문: 악에 대한 당신의 이해로부터 성직자들은 어떤 도움을 받을 수 있을까요?

하트: 솔직히 말씀드리자면 잘 모르겠습니다. 저는 성직자의 소양을 갖고 있지 못합니다. 다만 그들이 악을 경험한 이, 고통 중에 있는 이를 위로할 때 하느님의 "더 큰 계획"이나 하느님의 뜻이 지닌 신비를 들먹이며 진부한 위로를 하지 않기를 간청할 것 같습니다. 복음은 죽음이 하느님의 오랜 적이라고, 하느님께서는 죽음과 싸우셨고 궁극적으로 그 죽음을 파괴하실 것이라고 선언합니다. 저는 모든 성직자가 이 노골적인 승리주의, 고통과 죽음을 향한 진심 어린 분노, 거리낌 없는 분노야말로 그리스도교가 제시하는 희망의 가장 확실한 토대(그리고 슬픔에 대한 적절한 반응)라는 점을 깨닫기를 바랍니다.

질문: 그렇다면 쓰나미 때 하느님은 어디에 계셨나요?

하트: 하느님이 어디 계셨냐고요? 만물 너머에 그리고 만물 안에 계셨으며, 모든 피조물 그 자신보다도 피조물의 본질 가까이에, 그리고 모든 유한한 사물의 손아귀에 잡히지 않을 만큼 무한히 밖에 계셨지요. 지금도 마찬가지입니다.

『바다의 문들』에 대한 서평들을 읽으니 서평자들은 이 책이 창조세계가 지닌 불멸의 선함을 확고하게 주장하며 지지함을 인지하고 있었습니다. 저는 이 책을 통해 의도적으로, 순진하리만치 필멸하는 인간이 겪는 고통과 소외와 공포는 궁극적인 차원에서 타락한 시간, 사슬, 베일, 그림자, 왜곡이 빚어낸 허구이며 이는 결코 피조물들을 향한 하느님의 뜻이 아니라고, (이러한 현실에도 불구하고) 창조세계는 (태초부터, 그리고 궁극적으로) 아름다움과 평화를 드러낸다고 주장했습니다. 이러한 면에서 (책에서도 언급했지만) 독자들이 제 주장을 두고 옛 영지주의의 반영이 아니냐는 의혹을 던지고 비난하는 것은 일말의 타당성이 있습니다. 그리스도교 신앙의 눈으로 세상을 본다는 것은 (마찬가지로 책에서 이야기했듯) 사랑의 눈, 부활에 대한 신앙의 눈으로 세상을 본다는 것을 의미합니다. 이는 어떤 면에서 터무니없이 비현실적인 이야기입니다. 하지만 신앙은 바로 그 모험을 감행하는 것입니다(이렇게 말하면 저를 키에르케고어주의자로 볼 수도 있겠지만 말이지요).

책을 쓰면서, 저는 『볼티모어 선』the Baltimore Sun 신문에 실렸던 사진을 몇 번이고 생각했습니다. 신문에서는 예멘에서 가장 낮은 사회 계층인 아크담Akhdam 사람들에 관한 이야기를 전했습니다. 그들은 6세기 아라비아 반도에서 쫓겨난 고대 에티오피아 제국의 후손으로 추정되며 상상할 수 없을 정도로 끔찍한 생활을 하고 있습니다. 사진의 배경은 불모지입니다. 그리고 사방에 나무 조각들, 온갖 조각들로 만든 오두막집들이 있습니다. 그리고 사진 정 중앙에는 누더기로 만든 옷을 입은, 아주 예쁜 어린 소녀가 있습니다. 그녀는 팔을 벌리고 기쁨 어린 표정을 짓고 춤을 추고 있습니다.

물론, 이는 처참한 풍경입니다. 하지만 동시에 놀랍고 아름다운 광경이기도 합니다. 여기에는 영광스러운 무언가의 모습이 담겨 있습니다. 절망과 황량한 현실 가운데서도 순수하게, 자기에서 벗어나 춤을 출 수 있게 해주는 것, 자기가 마치 낙원에 있는 것처럼 춤을 출 수 있게 하는 것은 그녀에게로 들어온 기쁨, 그녀 안에 자리한 행복입니다. 불모지에서 춤을 추는 소녀는 창조세계의 진리, 하느님의 지혜, 혹은 이 세계 중심부에서 살아 숨 쉬는 소피아sophia, 때 묻지 않은 하느님의 형상, 타락하지 않은 것unfallen이 무엇인지를 보여주는 완벽한 예입니다. 네, 압니다. 저는 지금 분명히 한쪽을 부각하고 있습니다. 그러나 저는 그쪽이야말로 타락한 세계와 함께 계시는 하느님의 속성(그분의 형상, 그분의 신부, 깊은 기쁨과 창조에 대한 열망, 무에서 나와 자신과 함께하도록 부르시는 것)이라고 말하고 싶습니다. 이러한 맥락에서 소녀의 춤은 하느님의 보좌 앞에서 신성한 지혜가 영원히 추는 춤, 다윗의 춤, 하느님의 영광 앞에서 천사들과 성인들이 추는 춤과 다를 바 없습니다. 이것이야말로 부패한 세상에서 그리스도께서 회복해내신 창조세계의 참된 얼굴입니다.

해설

데이비드 벤틀리 하트가 그리는 오래된 미래

|

2004년 성탄절 다음날 세계를 충격과 슬픔으로 몰아넣은 인도양 쓰나미. 이듬해 2월 잉글랜드 성공회 신부 톰 허니Tom Honey는 이 전대미문의 자연재해와 전능하고 선하신 하느님의 관계에 대한 어려운 질문을 테드TED 강연에서 다루었다.* 겸손한 자세와 급진적 신학을 겸비한 신정론을 대중이 이해할 수 있는 언어로 제시한 이 강연은 큰 반향을 일으키며 곳곳에서 회자되었다.

강연은 당시 캔터베리 대주교였던 로완 윌리엄스Rowan Williams**가 『선데이 텔레그래프』Sunday Telegraph에 기고한 인도양

---

*   https://www.ted.com/talks/tom_honey_why_would_god_create_a_tsunami

**   로완 윌리엄스(1950~)는 영국의 신학자이자 성공회 성직자다. 웨일스

쓰나미에 대한 글이 가진 한계를 지적하면서 시작한다. 대주교는 재해와 하느님의 관계를 어떤 신학 이론을 통해서 이해하거나 위로하거나 설명하려 하지 말자고 제안했지만, 허니는 신앙에 상처를 입은 우리는 설명을 요구하고 있다고 주장했다. 강연자는 이어서 변하지 않는 하느님이라는 정통 신학의 개념은 무감하고 냉정한 하느님을 변호할 뿐이며, 오직 고난받는 하느님만이 우리와 함께 계시는 하느님이라는 일부 '홀로코스트 이후' 신학이 정립한 "새로운 정통"을 내세웠다. 흥미로운 점은 강연자가 비판했던 윌리엄스는 '고난받는 하느님' 개념을 향해 오랫동안 의구심을 제기해 온 신학자라는 점이다. 윌리엄스에 따르면, 세계의 근원이자 원천으로 만물을 떠받치고 지탱하는 하느님이 동시에 세계 내적 관계와 변화에 포함되거나 영향을 받을 수는 없다.* 또한 '하느님의 고난'을 말하는 언어는 고난에 영원

에서 태어나 케임브리지 대학교 크라이스트 칼리지에서 신학을 공부했고 옥스퍼드 대학교 워덤 칼리지에서 박사학위D. Phil를 받았다. 1978년 성공회 사제 서품을 받은 뒤 학자이자 성직자로 활동을 병행했다. 학자로서는 케임브리지 대학교 교수를 거쳐 옥스퍼드 대학교의 레이디 마거릿 교수를 역임했으며 성직자로서는 몬머스의 주교, 웨일스 대주교를 거쳐 104대 캔터베리 대주교로 임명되어 세계 성공회 공동체를 이끌었다. 조직신학, 그리스도교 영성, 교부학, 역사신학, 문화 비평을 아우르는 전방위적 저술로 영미권 신학계에 커다란 영향력을 행사하는 신학자이자 교회 지도자로 손꼽힌다. 주요 저서로 『앎의 상처』Wound of Knowledge, 『그리스도교 신학』On Christian theology 등이 있으며 한국에는 『심판대에 선 그리스도』(비아), 『과거의 의미』(비아), 『신뢰하는 삶』(비아), 『그리스도인이 된다는 것』(복 있는 사람), 『다시 읽는 아우구스티누스』(도서출판 100) 등이 소개된 바 있다.

* 로완 윌리엄스의 신론에 대한 친절한 설명은 다음을 보라. 로완 윌리엄스, 『신뢰하는 삶』(비아, 2015), 31~35, 55~64. 윌리엄스는 여기서 범재신

성을 부여하려는 시도이며, 이는 모든 고난의 역사성과 시간성, 개별성과 구체성이라는 인간 존재의 비극성을 망각하려는 시도이다.*

톰 허니는 '고난받는 하느님'을 받아들이는 데서 끝나지 않는다. 그는 통제의 능력에는 무력하고 자비와 사랑으로 충만한 하느님을 말하면서, 초월성이 제거된 채로 일상성과 내면성으로만 존재하는 내재하는 신성을 말한다. 하느님의 '통치'를 세계를 직접 '통제'하는 외부의 타율적 힘으로밖에 이해하지 못하는 신학적 빈곤은 하느님의 초월성과 제1 원인primary causality, 그리고 이에 근거한 섭리와 은총의 신학을 포기하도록 요구한다. 이와 달리, 윌리엄스가 재발견하고 회복하려는 보편교회의 신학 전통이 말하는 하느님, 세계를 절대적으로 초월하는 변하지 않는 하느님은 세계에 무감하고 냉정한 하느님이 아니라 도리어 세계에 급진적으로 내재하는 친밀한 하느님이다. 아우구스티누스의 표현을 빌자면, "나의 내면보다 나에게 더 가까이 계신 하느님"Deus interior intimo meo이다. 이러한 역설적이고 심오한 신학의 통찰의 자리를 정중히 치워 버리고 톰 허니 신부는 그 자리에 조심스럽게 "나마스테"를 놓으면서, 하느님이 어떤 분이신지 "잘 모르겠

론, '고난받는 하느님', 과정신학 등과 같은 현대 신학의 경향을 염두에 두면서, 고전적인 그리스도교 신론이 말하는 존재의 근원이신 하느님은 어떤 분이신지를 풀이한다.

* Rowan Williams, 'Trinity and Ontology' (1989), *On Christian Theology* (Oxford: Blackwell, 2000), 148~166 (160~161).

습니다"라는 겸손한 태도로 강연을 마친다.

그러나 이미 초월성의 포기와 내면성을 향한 침잠과 후퇴라는 근대 신학의 태도를 십분 수용하고 나서 "잘 모르겠습니다"라는 수사가 과연 실질적인 의미가 있는지 궁금하다. 또 내 안의 신성과 당신 안의 신성이 서로 정중하고 경이롭게 합장하는 일은 기실 "안녕安寧"을 기원하는 우리네 인사에도 본래 담겨 있는 뜻이어서 새로울 것도 없는 점은 차치하더라도, 나와 너의 신성을 떠받치는 초월적 원천과 목적이신 하느님이 없는 마당에 어떻게 우주의 본질적 자비를 말하며 인간의 존엄성과 생명의 연대를 추구할 수 있을 것인가. 잉글랜드 엑서터에서 활동하는 이 사려 깊은 사목자의 강연은 진지한 도덕적 열정, 열린 자세, 그리고 겸손이라는 미덕을 보여준다. 하지만 아쉽게도 그리스도교가 첫 수 세기에 정초하고 이후로 정교화하고 심화한 하느님과 세계에 대한 역설적이고 심오한, 희망으로 가득 찬 전망을 드러내지는 못하는 듯하다. 데이비드 벤틀리 하트는 『바다의 문들』에서 이러한 현대의 '힙'한 신정론들이 오해하고 간과하는 고전 신학의 정수를 회복하고자 한다.

‖

미국 노틀담 대학교를 기반으로 활동하는 정교회 신학자 데이비드 벤틀리 하트는 현대의 신학적 지성들로부터 다음 세대의 그리스도교 신학을 대표할 학자로 평가받는다. 박사학위 논문을 다듬어서 출판한 저서 『무한자의 아름다움』The Beauty of the Infinite: The Aesthetics of Christian Truth*은 21세기 초 미국 신학자의 저술 중에서 단연 돋보이는 책으로 손꼽힌다. 하트는 이 책에서 그리스도교가 제시하는 창조와 구원의 서사는 비극이 아니라 평화가 존재론적 우선성을 가지며 폭력이 아니라 평화가 세계의 시원적 현실이라는 진리를 말한다고 주장했다. 이 책의 출간을 계기로 그는 『월스트리트 저널』에 정기적으로 글을 쓰게 되었으며 『바다의 문들』은 그곳에 기고한 인도양 쓰나미에 대한 글과 그에 대한 여러 반응을 바탕으로 저술된 책이다.

하트는 신약성서의 언어, 고전 신학의 통찰, 교부들의 사상, 공의회의 정식 등과 같은 보편교회의 유산에서 신학적 사유의 원천을 찾는 학자다. 말하자면, 무로부터 창조creatio ex nihilo, 하느님의 무정념apatheia과 고난불가능성impassibility, 선의 결핍과 부재로서 악evil as privatio boni등과 같은 교리는 창조주와 피조물의 존재론적 차이를 선물과 수용, 은총과 응답의 관계로 긍정한다. 그러므로 자연히 하느님의 초월성과 내재성의 역설적 작동과 하느님과 세계의 비경쟁적non-competitive 관계를 함의하는 신학의 고전적 문법을 확고히 수용한다. 이와 같은 신학적 확신을 최근 신

---

* David Bentley Hart, *The Beauty of the Infinite: The Aesthetics of Christian Truth* (MI: Williams B. Eerdmans, 2003) 노틀담 대학교 신학과 명예 교수인 로렌스 커닝햄Lawrence S. Cunningham은 그리스도교 잡지 『크리스천 센추리』Christian Century에서 실시한 '지난 25년간 출간된 가장 중요한 책' 중 하나로 『무한자의 아름다움』을 꼽았다.

학계에서는 캐스린 태너Kathryn Tanner[*]가 가장 명료하게 표현했고
[**], 로완 윌리엄스와 새라 코클리Sarah Coakley[***] 등과 같은 학자들
도 공유한다. 또한, 넓게 보면 교회의 원천과 신학의 고전을 재
발견하고 그 급진적 의미를 회복하면서 근대성이 신학에 미친
영향들을 비판적으로 재고하는 흐름을 지칭하는 "회복의 신학
들"theologies of retrieval[****]과 궤를 같이한다고도 볼 수 있다. 이는 여

---

[*]   캐스린 태너(1957~)는 미국의 신학자다. 예일 대학교에서 학부, 석사, 박
     사 과정을 밟으며 철학과 신학을 공부했고, 이후 시카고 대학교 신
     학대학원과 예일 대학교 종교학과에서 가르쳤으며 2010년부터 현재까
     지 예일 대학교 신학대학원 교수로 활동중이다. 사회 이론, 문화 이론,
     페미니즘 이론을 통해 그리스도교 사상을 현대의 문제들과 연결하는
     데 관심을 두고 연구하고 있다. 성공회 평신도로서 미국 성공회 주교원
     House of Bishop의 신학자문위원으로 활동하기도 했다. 주요 저서로 『하느
     님의 정치』The Politics of God, 『예수, 인간과 삼위일체』Jesus, Humanity and the
     Trinity, 『문화 이론들』Theories of Culture 등이 있으며 한국에는 『기독교와 새
     로운 자본주의 정신』(IVP)가 소개된 바 있다.

[**] Kathryn Tanner, *God and Creation in Christian Theology: Tyranny or
     Empowerment?* (Oxford: Blackwell, 1988), *Jesus, Humanity and the Trinity: A
     Brief Systematic Theology* (Minneapolis, MN: Fortress, 2001)

[***] 새라 코클리(1951~)는 신학자이자 성공회 신학자다. 케임브리지 대학
     교, 하버드 대학교 신학대학원에서 신학을 공부했고 이후 랭커스터
     대학교, 옥스퍼드 대학교 오리엘 칼리지, 하버드 대학교 신학대학원
     교수, 케임브리지 대학교의 노리스-헐스 신학교수로 활동했으며 현재
     는 명예교수로 활동 중이다. 성공회 사제로 일리 대성당의 명예 캐넌
     으로도 활동했다. 교부들의 사상의 현대적 의의를 밝히며 동시에 현
     대의 다양한 사상들을 폭넓게 소화해 내 조직신학 주요 논의들을 독창
     적으로 재구성한 학자로 평가받는다. 주요 저서로 『권력과 복종』Power
     and Submissions, 『새로운 금욕주의』The New Asceticism, 현재진행중인 조직신
     학 3부작 중 1권에 해당하는 『하느님, 성, 그리고 자아』God, Sexuality, and
     the Self 등이 있다. 한국에는 『십자가』(비아)가 소개된 바 있다.

[****] 이에 대한 개괄적 이해를 위해서는 다음을 보라. John Webster,
     "Theologies of Retrieval", *The Oxford Handbook of Systematic Theology*
     (Oxford: Oxford University Press, 2007), 583~599. 보다 넓고 깊은 탐구를

러 형태의 현대 신학자들이 하느님과 세계의 존재론적 질적 차이를 이원론의 시원으로 보는 견해와 매우 대비된다.*

악과 고난은 언제나 하느님에 대한 믿음에 도전이 되곤 했다. 특히나 거대한 악(홀로코스트, 킬링필드, 르완다 학살), 갑작스럽게 출몰하는 거대한 재난(『바다의 문들』의 경우에는 인도양 쓰나미 사태, 현재는 코로나 사태)과 마주했을 때 많은 이는 세계의 비극과 고통이 하느님의 존재, 속성과 양립 가능한지를 묻는다. 무신론자들은 성급하게 그리스도교를 조롱하고 신앙인들은 조잡하게 신앙을 방어했다. 그러나 하트에 따르면 쓰나미(를 포함한 자연 재난)가 세계의 유한성과 자연의 비극성에 대해 "특별히 새롭게 가르쳐 주는 것은 아무것도 없다"(22). 이 일로 인해 새롭게 인식되어야 할 자연의 본성도 없고 새롭게 써야 할 하느님에 대한 이론도 없다. 오직 자연의 층위에서 관찰한다면, 인도양의 광폭한 쓰나미와 그것이 초래한 비극은 인도양의 찬란한 해안선과 그것이 불러오는 경탄의 양면이기 때문이다. 수많은 관광객이 사치

___

위해서는 *Theologies of Retrieval: An Exploration and Appraisal* (London: Bloomsbury T&T Clark, 2017)을 보라. 최근 한국어로 번역된 한스 부어스마Hans Boersma는 복음주의 입장에서 이를 시도한다. 다음을 참조하라. 한스 부어스마, 『천상에 참여하다』(IVP, 2021)

* 샐리 맥페이그Sallie McFague, 로즈마리 래드포드 류터Rosemary Radford Reuther, 매튜 폭스Matthew Fox 등이 이와 같이 주장하며, 로완 윌리엄스는 다음의 글에서 이들과 논쟁하며 무로부터 창조 교리가 함의하는 하느님과 세계의 관계를 변호한다. 로완 윌리엄스, '"좋으실 게 없다?": 창조에 관하여', 『다시 읽는 아우구스티누스』(도서출판 100, 2021), 123~158. 그리고 다음을 참조하라. Rowan Williams, 'On Being Creatures' (1989), *On Christian Theology*, 63~78.

를 누리며 여유를 즐기는 인도양의 경관은 소멸과 파괴가 반복되는 지각판의 충돌과 화산의 활동이 야기한 결과다. 인도양 쓰나미는 자연의 새로운 차원을 드러낸 것이 아니라 이처럼 생명과 죽음이 얽혀 있고 창조와 파괴가 상호 의존하는 (타락하여 신음하고 구원을 기다리는) 자연의 유한성을 다시금 우리에게 알려줄 뿐이다.

하트는 리스본 대지진이나 인도양 쓰나미와 같은 '자연적 악'과 이반 카라마조프가 열거하는 '도덕적 악'을 본질적으로 구분하지 않는다. 양자의 관계는 악에 대한 종교철학적 연구에서 중요하기에 언급할만한 가치가 있다. 하트는 인간 역시 "자연 질서의 일부"이며, 악을 향해 기우는 인간의 성향은 "세계의 상수"라고 말한다. 그러므로 자연적 악과 도덕적 악은 결국 신과 악에 대한 동일한 질문으로 귀결된다.

'악은 어디서 오는가?'Unde hoc malum 그리고 어떤 신이 악을 허락하는가?(55)

그렇기에 하트는 대지진과 쓰나미와 이반 카라마조프의 이야기를 넘나든다. 리스본 대지진, 인도양 쓰나미, 이반의 이야기과 관련해 인간이 신과 악에 대한 질문을 제기하게 하는 것은 엄마의 품에서, 혹은 엄마 품에 안기지도 못한 채 생을 마감한 아이이기 때문이다.

Ⅲ

책 전체에 걸쳐 하트는 크게 세 가지 입장과 대결하면서 자신의 신학적 입장을 전개한다. 첫 번째 입장은 그리스도교의 하느님과 이신론의 신을 오해하며 비판하는 세속적 회의주의이고, 두 번째 입장은 인간 자유의 여지를 남겨두지 않고 세계의 모든 사건을 결정하는 하느님의 주권에 몰두하는 왜곡된 신정론이며, 마지막은 하느님을 세계의 일부로 이해하는 현대 신학의 모순적 신정론이다. 이 책에서 하트는 독특한 형태의 새로운 신정론을 제시하지 않는다. 다만 그는 성급하고 투박한 회의주의, 괴물 같은 하느님으로 귀결되는 신정론, 존재의 원천일 수 없는 하느님을 주장하는 신정론이 가진 오류를 드러낸다. 그리고 우리가 어떻게 비극적 현실을 목도하면서도 하느님의 선, 섭리, 자유 등을 여전히 신뢰할 수 있는가를 탐구한다.

이 책은 '세계의 조화'와 '하느님의 승리'라는 제목을 가진 2개의 부로 구성되어 있다. 고난과 죽음, 악과 비극이 발생하는 타락하고 상처입은 세상에서 전능하고 선하신 하느님을 어떻게 말할 수 있는가? 하느님은 악과 고난을 세계 안에서 '조화'를 이루시어 그것을 정당화하시는 분이 아니라(1부) 그리스도의 사역과 종말론적 성취를 통하여 고통과 죽음에 '승리'하시는 분이다(2부). 저자의 논증을 따라가는 동안 독자는 유한한 세계의 본성과 하느님의 구원에 대해서 철저히 새롭게 사유하도록 초대받는다. 너무도 새로워서 때론 버거울 만큼 도전적인 저자의 사유는 독자를 책을 읽기 전의 자신으로는 돌아갈 수 없도록 한다. 신과 세계의 관계에 대한 하트의 논의는 독자에게 일종의 노동을 부과한다. 그 노동이란 지적, 정서적 노동이며, 무엇보다 "영적, 도덕적 노동"(183)이다. 하트가 제시하는 신과 세계에 대한 관점은 도덕적으로 가장 철저한 인간 즉 이반 카라마조프의 "반역"을 통과하여 감각의 정화와 마음의 변화를 향한 기쁨과 희망의 "노동"으로 초대한다. 그러므로 "신학은 영성이다"라는 말은 표어가 아니라, 인생을 살아가는 인간의 통합적 행위로 자연스럽게 드러난다. 인상적인 점은 이처럼 새로운 통찰에 이르는 길이 과거의 수정과 해체가 아니라 교부의 사상과 이를 심화한 이들의 사유에 대한 진득한 천착이라는 것이다. 과거는 극복되어야 할 문제가 아니라 회복되어야 할 원천이다. 미래는 오래된 것이다.

1부 '세계의 조화'에서는 인도양 쓰나미에 대한 무신론과 일부 신학의 반응이 가진 오류를 지적한다. 먼저 하트는 무신론의 조급한 저항을 언급한다. 그들은 인도양 쓰나미가 야기한 악의 현실이 하느님의 부재를 증명한다고 주장한다. 하트는 이러한 주장이 어리석고 유아적인 신인동형론에 근거한다고 일갈한다. 세속적 도덕주의자요 열정적 무신론자인 마틴 케틀이나 론 로젠바움, 그리고 이들이 의존하는 J.L. 맥키가 비판하는 신은 전통적인 그리스도교 신론에서 말하는 존재의 시원적 원천이자 최종적 목적인 하느님이 아니다. 세계와 동일한 존재론적 층위에서 운동하는 유한한 "윤리적 행위자", "제한된 정신을 지닌 인격체"(27)로 축소되고 환원된 신이다. 이러한 신은 그리스도교 신학의 전통에서 존재하지 않으며, 따라서 무신론은 일종의 허수아비 때리기 오류에 빠져있는 셈이다. 무신론자의 신은 유한하고 우연한 세계내적 차원에서 활동하는 제2 원인들에 속해 있지만, 그리스도교의 하느님은 유일한 제1 원인으로 초월적 차원에서 세계의 존재를 지탱하고 세계의 목적을 성취하시는 섭리의 하느님이다.

볼테르가 리스본 대재앙을 겪고 나서 비판한 이신론도 위와 같은 신을 전제한다.* 이신론은 이어 더해 유한한 창조세계의 질서 안에서 일어나는 선과 악의 모든 사건이 궁극에는 "세계의 조화"를 이룬다는 "형이상학적 낙관론"이라는 신정론을 말한다. 여기서 세계는 생명과 죽음, 창조와 파괴가 영구적으로 균형을 유지한다는 법칙에 따라 작동하는 "형이상학적 기계"로 설계되었으며, 이 기계의 설계자인 하느님도 선과 악의 균형과 조화라는 보편 법칙 혹은 "위대한 존재의 사슬"에 종속된다. 이 세계에서 일어나는 선과 악, 창조와 파괴, 생명과 죽음의 모든 사건은 최후의 무한방정식으로 계산되고 설명된다. 이신론은 그리스도교적 특징이 제거된 유신론이며, 이신론에 대한 볼테르의 비판

---

* 리스본 대지진이 야기한 광범위한 변화에 대해서는 다음을 보라. 니콜라스 시라디, 『운명의 날: 유럽의 근대화를 꽃피운 1755년 리스본 대지진』(에코의 서재, 2009) 신학적 변화에 대해서는 다음을 참조하라. 토마스 G. 롱, 『고통과 씨름하다』(새물결플러스, 2011), 21~46.

은 그러므로 그리스도교에 대한 비판이 될 수 없다.

그러나, 여러 현대 그리스도교 사상가가 그러했듯 하트 또한 무신론적 저항을 비판하면서도 동시에 그 진의를 인식하고자 한다. 무신론은, 넓은 의미에서, 신학의 부정신학적 자기비판이기 때문이다. 무신론의 그리스도교 비판의 심연에는 어린이 한 명의 고통에 우주적 중요성을 부여하려는 도덕적 진실성과 비극으로 가득한 이 세상에서도 선하신 하느님, 사랑의 하느님을 긍정하고 싶은 진의가 감춰져 있음을 하트는 간파한다. 이런 점에서 무신론이 상정하는 하느님 상像은 결함으로 가득 차 있음에도 불구하고 참된 하느님을 선언하는 복음의 소리에서 파생된 "흐릿하고 일그러진 메아리"다. 비록 무신론자들은 (하느님과 세계의 존재론적 차이를 인식하지 못하여) 해결책을 찾는 데는 실패했지만, 무한한 선과 사랑과 능력이 존재와 하나를 이루는 하느님을 찾는 것이다.

얄팍한 무신론자나 이신론의 신정론에 저항하는 볼테르보다 하트가 더 우려하는 것은 신앙인들의 유해한 신정론이다. 이러한 입장에 속한 이들은 하느님의 주권과 의지와 섭리가 세상에서 일어나는 모든 일에 직접 연관된다고 주장한다. 그들이 보기에 세상의 고통과 비극은 하느님의 속성을 선명히 드러내며, 알 수 없는 방식으로 하느님의 목적과 계획에 기여한다. 그리하여 인간은 고통과 비극에서 구원받는 과정을 통해서 다른 방식으로는 알 수 없는 축복을 경험한다. 조금은 다르지만, 하느님의 주권을 강조하는 어떤 이들은 고난과 아픔은 죄에 대한 마땅한 형벌이라고 주장하기도 한다. 약간의 차이가 있다 할지라도 이신론처럼 이러한 견해들도 모든 악은 최후의 우주적 무한방정식을 통해 설명된다고 본다.

이렇게 세계에서 발생하는 모든 사건을 하느님이 의지한 결과로 보는 유신론적 결정론 혹은 신학적 일원론은 인간 자유의 영역을 남겨두지 않으며 그러므로 자유에서 파생되는 우연과 부조리의 여지를 남기지 않는다. 또한, 선과 악의 우주적 조화를 말하는 낙관론 안에서 현재의 악은 존재론적 가치를 획득하고 정당화되고 설명된다. 이는 결국 악과 고난을 신적 관점에서 합리화하고 정당화하여 악이 야기하는 경악과 이에 대한 정당한 저항과 분노를 누그러뜨리게 한다. 더 나아가, 이러한 신학적 일원론의 신은 선 자체이며 사랑 자체이신 하느님이 아니라 영원한 구원과 저주를 이중으로 예정하는 무한히 가혹한 의지를 행사하는 존재이기에 허무주의를 유발할 따름이다. 다시 말해, 성서와 철학에 정합적으로 기초한 하느님 이해는 고사하고, "무신론을 향한 탁월한 도덕적 사례"를 제공할 뿐이다. 잘못된 신학은 인간을 신앙이 아니라 신앙에 대한 (얄팍한) 저항으로 이끈다 (이는 근대 이후로 가속화된 탈그리스도교화를 부분적으로 설명한다). 그러나 복음서가 전하는 하느님은 이처럼 부조리하고 불합리한 존재가 아니라 풍성한 은총, 값없는 구원, 넘치는 사랑, 관대한 용서의 하느님이다. 이 하느님은 고통과 비극의 우주적 조화가 아니라 죽음을 정복하여 죄의 권세에서 해방시키는 "복음의 승리주의"(52)를 말한다.

여기서 하트가 승리주의를 긍정적으로 사용하고 있다는 점이 주목할 만하다. 많은 경우 승리주의는 '부활의 승리에 도취되어, 십자가의 고난에 대한 섣부른 보상과 위안을 미리 말하면서 고난을 진지하고 정직하게 마주하고 끌어안기를 거부하는 미성숙한 경향'으로 여겨진다. 이 같은 맥락에서 로완 윌리엄스는 부활의 승리주의를 "십자가의 시험"experimentum crucis과 대비하기도 한다.* 그러나 하트는 승리주의라는 용어가 오용되고 오염되는 일에 대한 걱정보다 그것이 비추는 영광스런 통찰에 주목한다. 설명할 수도 견딜 수도 없이 암울한 비극적 악의 세력을 그리스도가 정복했으며 하느님의 승리가 마침내 완성된다는 신학적 진리는 신앙인이 세계의 시작과 종말을 사유하는 기반이다. 이는 하트가 점차 명료하고 풍성하게 발전시키고 있는 보편구원론의 맹아를 이룬다. 그는 2019년에 『모든 것이 구원받게 되리라』That All Shall be Saved를 예일 대학교 출판부에서 출간했다.** 여기서 하트는, 교부의 사상을 바탕으로, 세상의 만물을 무에서 선하고 아름답게 창조하신 하느님께서 기어코 종말에 만물을 선함과 아름다움으로 회복하고 성취하시는 하느님을 강조하면서 보편구원론

---

* 로완 윌리엄스, 『심판대에 선 그리스도』(비아, 2018), 232~241.

** David Bentley Hart, *That All Shall be Saved: Heaven, Hell and Universal Salvation* (New Haven: Yale University Press, 2019)

을 주장했다.

하느님을 향한 투쟁과 고뇌를 가장 치열하게 표현한 이는, 하트에 따르면, 이신론자 볼테르가 아니라 숨겨진 그리스도인 도스토예프스키다. 하느님의 구원에 대한 이반 카라마조프의 철저한 반란과 반역은 사실 자유의 참된 가치를 알고 있는 그리스도인의 양심에서만 흘러나올 수 있는 예언자의 외침이다. 종말에 모든 비극과 고통이 우주적 조화를 이룬다고 한들, 그것이 이 창조세계에 존재하는 고난의 대가에 의존한다면 (그것이 단 한 명의 무고한 어린이의 고난이라 할지라도) 최후에 이루어질 세계의 조화란 아무 의미가 없거나 아니면 끔찍하게 역겨운 것이다. 비록 이 위대한 러시아 작가의 주장은 그리스도교가 "세계의 조화"를 통한 고난의 정당화가 아니라 "하느님의 승리"를 향한 희망의 신앙을 말한다는 점을 몰랐다는 한계가 있지만, 철저하게 도덕적 진지함을 보여줌으로써 이신론의 신정론과 이에 대한 저항 모두를 넘어서며 하느님을 향한 인간의 가장 숭고하고 진지한 저항을 보여준다.

근대 이후를 살아가는 그리스도인이 이와 같은 통찰에 이르는 길을 가로막는 큰 장애물이 있다. 그것은 순전한 자연의 신학이다. 근대를 지나면서 자연은 '탈주술화'되었다. 무신론자에게 자연은 순전히 우연히 생성된 기계이며, 유신론자에게 자연이란 신이 만든 복잡한 기계이다. 무신론자에겐 신의 관념이 전혀 없다. 근대적 유신론자의 신은 자연을 정밀하게 제작하고 세계에서 물러났다. 이러한 기계 자연과 제작자 신의 관계를 바탕으로 전개되는 자연신학은 하트가 보기에 신학의 파행이자 퇴락이다. 근대 "합리성"의 시각으로 보는 자연이란 생명과 죽음, 창조와 파괴, 장엄함과 끔찍함이 공존하고 상호의존하는 기계다. 양자를 이어주는 매개체는 희생이며, 여기서 종교는 희생의 순환으로 유지되는 세계의 현실을 숭고한 것으로서 인간에게 화해시키는 역할을 담당한다. 여기서 신은 희생 그 자체이며, 생명과 죽음, 평화와 폭력, 창조와 파괴의 양가성이 공존하는 존재이고, 참혹한 죽음과 파괴를 야기하는 폭력과 이에 저항하는 희생에서 얼굴과 영광을 드러내는 신이다. 이것이 '순수한' 자연에 대한 '합리적' 이해에 비롯되는 신정론이라고 하트는 말한다.

순수한 자연의 합리적 신학에 대한 통찰에서 단연 돋보이는 것은 희생의 경제에 대한 분석으로, 이 역시 하트가 제시한 전체 신학의 맥락에서 매우 중요한 역할을 담당한다.* 하트에게 희생은 비극의 논리이며, 희생의 가치를 강조하는 종교는 고통과 슬픔으로 점철된 자연과 역사의 현실을 강화할 뿐이다. 고대 그리스 비극의 희생제의와 신화가 폴리스 안에서 담당한 기능이 바로 이것이다. 여기서 인간은 폭력과 죽음으로 얻은 희생제물을 바쳐야만 신에게 존재를 보장받는다. 그러나 그리스도는 고통과 고난, 죽음과 희생을 극복하고 승리하였다. 부활은 죽음과 희

---

* 'The Economy of Violence', *The Beauty of the Infinite*, 346~360.

생을 영속화하는 것이 아니라 폐기하는 사건이다. 희생은 극복 되어야 하는 것이지 장려되어야 하는 것이 아니다. 하트는 희생의 구속적 가치를 강조하는 경향을 지니는 대속론과는 꽤 결이 다른 승리하신 그리스도를 강조한다. 또한 이것이 정교회의 구원론이 가지는 신학적 확신이라는 점을 강조한다. "하느님의 승리"라는 2부의 제목이 암시하듯이, 하트에게 구원이란 고난과 아픔, 죄와 죽음, "권세와 세력의 천신들"에 대한 그리스도론적, 종말론적 승리이다. 다시 여기에서 보편구원론을 향한 확신이 드러난다.

그리스도인은 자연의 만물 안에서 하느님의 '영광'을 보고 기뻐한다. 그러나 생명과 죽음이 얽힌 자연을 바라보는 타락한 눈으로는 이 영광을 볼 수 없다. 세계에 대한 합리적 관측으로는 하느님의 영광을 보지 못하며, 단지 창조와 파괴, 즐거움과 괴로움, 경외감과 두려움이 동체를 이루는, 우울함과 행복감이 공존하는 자연만을 볼 뿐이다. 창조에서 솟아나는 하느님의 영광을 보기 위해서는 노골적인 합리성의 눈이 아니라 은총의 빛을 받은 눈, 만물을 향한 사랑으로 정화된 눈, 자비로운 마음(시리아의 성 이사악)과 사심 없는 사랑(고백자 막시무스)으로 보아야 한다. 그때 비로소 우리는 "최초의 세계이자 궁극적인 진리의 세계"를 만난다.

이제 하트는 세계의 타락과 이에 따른 "잠정적 이원론"을 말하는 신약성서의 우주론적 언어를 진지하게 다루는 부분으로 나아간다. 이 지점은 이 책의 가장 논쟁적인 부분으로, 현대인들에게는 낯선 부분이라 저자도 조심스럽게 접근하지만, 이 책 전체를 떠받치는 부분이다. 잠정적 이원론은 타락한 세계의 현실에 대한 중층적 해석을 가능하게 하는 관점을 제공한다. 세계를 그 자체로 하느님의 영광이 직접 드러나는 현실로 긍정하거나, 반대로 하느님이 완전히 부재한 현실로 악마화하는 양극단에 치우치지 않도록 하기 때문이다. 대대로 회의주의자와 무신론자들이 그리스도교를 비판하는 논리는 하느님의 존재와 속성을 이 세계의 비극적 현실과 직접 연결하고자 한다. "이 세상에 발생하는 비극과 고통을 보건대, 어떻게 전능하시고 선하신 하느님이 존재한다고 말할 수 있는가?" 이러한 논리에 따르면 하느님이 전능할 경우 그는 선하지 않고, 반대로 하느님이 선할 경우 그는 전능하지 않다. 그러나 하트가 보기에는 이러한 양자택일을 강요하는 틀 자체가 잘못되었으며 고전적인 그리스도교 신학 논의를 왜곡한 것이다. 세계 '안에서' 일어나는 사건은 창조세계의 우연하고 유한한 차원에서 일어나는 원인과 결과의 관계로 발생한다. 하지만 하느님의 섭리와 통치는 초월적 제1 원인의 차원에서 이루어지므로 제2 원인으로 발생하는 사건으로부터 하느님의 존재와 속성을 직접적인 방식으로 부정할 수 없다. 또한, 현재 우리가 경험하는 세계는 타락한 상태의 세계, 하느님의 섭리적 능력에 저항하는 "권세와 세력의 천신들"로 인해 고통받고 신음하는 세계다. 이렇게 타락하여 신음하는 세계는 창조와 파괴, 생명과 죽음이 서로 먹고 먹히는 세계이며, 이로부터 직접적인 방식으로 하느님의 존재와 속성을 논하는 일은 애초부터 불가능한 일이라고 하트는 말한다.

이러한 맥락에서 신약성서는 "세상"을 두 가지 의미로 쓴다. 하나는 하느님이 극진히 사랑하시는 세상, 여전히 하느님의 영광을 증언하는 세상이며, 다른 하나는 "권세와 세력의 천신들"의 지배를 받는 세상, 그리스도가 승리하시고 정복해야 할 (악한) 세상이다. 무신론자가 이러한 세상을 보고 진지한 도덕적 정념 pathos를 분출하는 것은 정당하지만, 타락의 후유증에 신음하며 고통받는 세상으로부터 그리스도교의 하느님을 부정하는 시도는 불가능하다(가능하다면 그리스도교의 하느님이 아니다). 그러므로 도덕적 정념은 무한히 긍정해야 하는 미덕이라기보다는, 만물을 사랑하는 자비의 마음, 하느님의 영광을 보는 마음에 자리를 내어주어야 한다. 이것이 "영적, 도덕적 노동"이다.

결국, 중요한 것은 창조세계에서 일어나는 모든 유한하고 우연적인 사건을 초월하여 존재하고 활동하는 하느님의 섭리와 영광을 "보는 것"이다. 이러한 하트의 논의 저변에는 영적 감각론 sensus spiritualis이 흐르고 있다. 종말에 누릴 지복직관visio beatifica를 향한 영원한 여정ἐπέκτασις 중에 있는 인간은 지상적 실존 안에서도 육적 감각을 정화하고 영적 감각을 회복하여 하느님의 영광을 밝히 보는 일에서 참된 기쁨을 얻는다. 영적 감각론에 따르면 세계에서 드러나는 하느님의 영광과 같은 신학적 진리, 부활하

신 그리스도의 모습은 오로지 영혼과 육체의 정화와 수덕을 통해서만 인식할 수 있다.[*]

현대 신학의 발전 과정에 대해서 깊은 관심을 가진 독자들은 본서 마지막에 하트가 제시하는 신학적 논의들에서 흥미로운 도전과 도움을 받을 수 있다. 하트는 지금까지 전개한 논의를 떠받치는 신학적 교리는, 앞서 언급했거니와, 선의 결핍으로서 악 그리고 하느님의 무정념과 고난불가능성이라는 놀라운 선언을 한다. 이 부분은 책 전체에서 가장 전문적으로 신학을 다루는 부분이고 하트의 신학적 입장이 분명히 드러나는 부분이다. 홀로코스트 이후의 '변화하지 않고 고난받지 않는 하느님'이라는 고전 신학의 신론은 세상의 비극에 무감하고 냉정하고 초연한 하느님으로 거부되었고, '변화하고 고난받는 하느님' 개념이 지배적인 신론으로 등극하며 "새로운 정통"[**]이라 불리게 되었다. 악을 선의 결핍으로 정의하는 고전적 전통 역시 악의 경험적 참혹함을 무시하는 고전 신학의 순진한 이해로 비판받으면서 널리 무시되었다. 이는 무로부터의 창조creatio ex nihilo 교리를 위계적 이원

---

[*] 영적 감각론은 육적 감각이 정화되어 영적 감각으로 변모하는 입장부터 육적 감각과 별도로 존재하는 영적 감각을 말하는 입장까지, 한마디로 정의하기 어려울 정도로 다양한 방식으로 발전했다. Paul L. Gavrilyuk and Sarah Coakley (ed.), *The Spiritual Senses: Perceiving God in Western Christianity* (Cambridge: Cambridge University Press, 2012)는 영적 감각론의 기원과 발전에 대한 유용한 지도를 제시한다.

[**] Ronald Goetz, 'The Suffering God: The Rise of a New Orthodoxy', *Christian Century* 103.13 (1986), 385~389.

론의 기원으로 보는 현대 신학의 지배적 경향과도 깊이 연결되어 있다.

먼저 악을 선의 결핍과 부재로 보는 고전 신학의 이해를 하트는 철저히 긍정한다. 이는 "그리스도교 전통에서 가장 공경해야 할 신념, 없어서는 안 될 신념"(105)이다. 하느님은 "만물의 근원이요 존재의 원천이므로, 존재하는 모든 것은 그분의 선에 참여하며, 따라서 존재하는 것은 그 본질에 있어서 완전히 선하다".

> 악은 그 자체로는 아무런 본질이나 본성을 갖고 있지 않으며 순전히 하느님이 창조한 현실에 기생하는 부패다.(105)

하트는 악에 대한 성서의 이해는 "환상적"fantastic이라고 말한다. 이 말은 악을 선의 결핍으로 이해하는 고전 신학의 성서적 이해가 탁월하다는 뜻과 그리스도교에서 악은 존재론적 가치가 없는 환상 혹은 그림자에 불과하다는 뜻 두 가지를 모두 나타내는 중의적 표현으로 보인다. 선의 결핍으로 악을 바라보는 고전 신학의 관점은 신론의 논리적 귀결이다. 하트의 신론을 가장 분명히 상술하고 있는 아래 단락들은 『바다의 문들』 전체를 지탱하는 신학이다.

> 동방 정교회와 서방 가톨릭의 그리스도교 형이상학 전통에서

하느님은 선하실 뿐 아니라 선 그 자체이며, 참되고 아름다우실 뿐 아니라 무한한 진리이며 아름다움 그 자체다. 만물의 근원이자 목적이며 모든 존재의 무한한 원천이신 하느님 안에서 모든 초월적 완전성은 하나다. 그러므로 하느님에게서 나오는 모든 것은 참되고 선하고 아름답다. 그분은 존재의 유일한 근원이시므로, 달리 말하면 모든 유한한 존재를 넘어선 (동시에 모든 유한한 존재를 존재케 하는) 초월적 풍요로움 가운데 계신 존재 그 자체이므로 존재하는 모든 것은, 그것이 존재하는 한, 전적으로 사랑받을 가치가 있다. (82)

하느님은 모든 존재의 근원이자 목적이기 때문에 그 무엇도 하느님에게서 완전히 분리될 수 없다. 만물은 무에서 하느님의 부름을 받아 그분의 선을 지향하며 나아감으로써 존재한다. (118)

하느님은 선 자체이시다. 이는 동서방 교회가 공유하는 고전 신학의 신론이며, 성공회 성찬기도서 4양식 감사서문 특송이 "모든 선의 근원"이신 하느님을 찬양하듯 보편교회의 전례 언어를 형성한다. 오직 선만이 하느님과 연결되어 있으므로 존재론적 가치를 지니며, 악은 하느님의 존재에 전혀 참여하지 않으므로 존재론적 가치를 결여하고 있으며 그러므로 "실체가 없는 비존재""이다. 하트에 따르면 "그리스도교 사상은 처음부터 … 고난, 죽음, 악은 우주의 우연, 존재의 그림자이며 본질상 실체나 목적을 결여하고 있다고 주장했다"(91). 이와 같은 이해는 여러 현대 신학자들에 의해 악의 경험적 참혹함을 외면하고 무시하는 고전 신학의 순진한 의식으로 비판받았다. 하지만 이는 불행한 오해다. 악이 선의 결핍이라는 말은, 악이 세계에 창궐하고 인간은 언제나 악에 굴복하고 고통받고 투쟁해야 하는 비극성 안에서 살지만, 존재론적 근원성과 우선성은 오직 선에게만 있으며 악은 결코 이를 침범할 수 없다는 확신과 희망의 언어다.

선의 결핍으로서 악과 더불어, 하느님의 고난불가능성 교리에 대한 현대 신학의 거부와 관련하여 하트는 두 가지 중요한 쟁점을 언급한다. 첫째는 강력한 교리사적 전제다. '고난받는 하느님'을 내세우는 신학 흐름은 암묵적으로 교부 시대를 거치며 '히브리 예언자의 연대하고 고난받으며 세계에 내재하는 파토스의 하느님'이 '그리스 철학자의 무감하고 냉정하며 세계를 초월하는 아파테이아의 하느님'으로 인해 왜곡되고 대체되었다고 본다. 성서와 철학, 히브리적 사유와 그리스적 사유, 내재와 초

* 로완 윌리엄스, '실체가 없는 악', 『다시 읽는 아우구스티누스』, 159~205 (166, 175, 199). 디오니시우스 아레오파기타에 따르면, 악은 존재가 없으므로 원인이 없다. 완전한 부정성이며 원인 없는 비존재인 악은 이해와 설명이 불가능하다. 신정론은 악을 악이 아닌 것으로 만들며, 악에 대한 저항과 분노를 제거하기에 성공하는 만큼 실패한다. Eric D. Perl, *Theophany: The Neoplatonic Philosophy of Dionysius the Areopagite* (New York: State University of New York Press, 2007), 63~64.

월의 이 명쾌한 이분법은 근대 이후 상당한 힘을 얻었으며 오늘날에도 맹위를 떨치고 있다. 이러한 흐름의 선구자라 할 수 있는 아돌프 폰 하르낙Adolf von Harnack*은 초대 그리스도교의 교리화 과정을 복음의 헬라화 과정이라고 비판한 『교리사』Lehrbuch der Dogmengeschichte(1886-1890)와 『그리스도교의 본질』Das Wesen des Christentums(1901)와 같은 저작을 통해 이론적 기반을 놓았다. 하르낙과 사뭇 다른 흐름에 속한 것처럼 보이지만 교리의 발전을 '(구약에 깔려있는 히브리 사상으로 보든, 신약에서 증언하는 복음으로 보든)시원'의 핵심을 왜곡하는 과정이라고, 그 결과 형성된 전통 그리스도교를 왜곡의 산물로 본다는 점에서는 (『예언자들』The Prophets(1962)로 폭넓은 지지를 얻은) 아브라함 요수아 헤셸Abraham Joshua Heschel**도, (『십자가에 달리신 하느님』Der gekreuzigte Gott(1972)과

---

* 아돌프 폰 하르낙(1851~1930)은 독일 개신교 신학자이자 교회사가이다. 오늘날 에스토니아와 라트비아에 속한 리보니아에서 태어나 리보니아에 있는 타르투 대학교에서 신학을 공부하고 독일 라이프치히 대학교에서 신학 전공으로 박사학위를 받았다. 이후 라이프치히, 기센, 마르부르크, 베를린 훔볼트 대학교에서 교회사를 가르쳤다. 1890년에는 프로이센 아카데미 회원이 되었으며 훗날 막스 플랑크 연구소의 전신이 되는 카이저 빌헬름 협회의 초대 협회장을 맡았다. 근대 가장 위대한 교회사가로 꼽히며 신학적 자유주의의 대표주자로도 꼽힌다. 저작으로 『유일신론, 그 사상과 역사』Das Mönchtum, seine Ideale und Geschichte, 『그리스도교의 본질』Das Wesen des Christentums, 『마르키온』Marcion, 오늘날까지 가장 탁월한 교리사로 평가받는 『교리의 역사』Dogmengeschichte 등이 있다. 한국에는 『기독교의 본질』(한들)이 소개된 바 있다.

** 아브라함 요수아 헤셸(1907~1972)은 유대교 신학자이자 랍비. 유럽의 명문 랍비 가문의 후손으로 폴란드에서 태어나 베를린 대학교에서 공부했다. 1940년 미국으로 망명해 히브루 유니온 대학교을 거쳐 뉴욕 유대 신학교에서 1972년 세상을 떠날 때까지 교수로 활동했다. 중세

『삼위일체와 하느님의 나라』Trinität und Reich Gottes(1980)에서 '고난받는 하느님'이라는 생각을 본격적으로 제시한) 위르겐 몰트만 Jürgen Moltmann도 크게 다르지 않다. 이 강력한 이분법은 오랫동안 많은 이의 마음에 강렬한 파토스를 불러일으켰으며, 전후戰後 독일 신학(그리고 그 독일 신학의 영향을 받은 세계 신학)의 가장 강력한 전제 중 하나가 되었다.

그러나 로완 윌리엄스와 루이스 에어스Lewis Ayres[*]를 비롯한 또 다른 흐름의 학자들은 이를 "잘못된 이분법"이요 "널리 퍼진 오해"라고 평가한다.[**] 하트에 따르면, "신약성서에는 이미 헬레니

유대 철학, 카발라, 18세기에 유대교에서 일어난 유대 신앙 부흥 운동인 하시디즘에 관심을 가졌으며 시민권 운동과 반전 운동에도 적극적으로 참여했다. 그리스도교와 유대교 사이의 대화에도 적극적으로 나섰다. 그의 대표작인 『예언자들』The Prophets은 유대교계뿐만 아니라 그리스도교계에도 커다란 영향을 미쳤다. 주요 저서로 『예언자들』(삼인), 『안식』The Sabbath(복 있는 사람), 『사람은 혼자가 아니다』Man is Not Alone(한국기독교연구소) 등이 있다.

[*] 루이스 에어스(1966~)는 로마 가톨릭 역사학자이자 역사신학자다. 세인트 앤드류스 대학교와 옥스퍼드 대학교 머튼 칼리지에서 공부했으며 듀크 대학교, 에모리 대학교 등을 거쳐 현재 더럼 대학교에서 가톨릭 및 역사신학 교수로 활동중이다. 아우구스티누스와 동방 교부들의 삼위일체론에 관한 전문가로, 『니케아 공의회와 그 유산』Nicaea and Its Legacy: An Approach to Fourth Century Trinitarian Theology(2004/6)은 이 주제에 관한 가장 권위 있는 현대 문헌 가운데 하나다. 최근에는 초기 그리스도교 성서 해석 방법론의 발전에 주목하며 다수의 논문을 발표하고 있다.

[**] Rowan Williams, 'Early Christianity & Today: Some Shared Questions' (The Sir Thomas Gresham Annual Lecture and 2008 Gresham Special Lecture, St. Paul's Cathedral, London, June 4, 2008), Lewis Ayres, *Nicaea and Its Legacy: An Approach to Fourth-Century Trinitarian Theology* (Oxford: Oxford University Press, 2004), Paul L. Gavrilyuk, *The Suffering of the Impassible God: The Dialectics of Patristic Thought* (Oxford: Oxford University Press, 2004), Frances M. Young, 'Creatio ex Nihilo: A Context for the Emergence of the Christian

즘 형이상학의 주제와 전제가 상당히 스며들어 있다. 그리고 이를 바탕으로 그리스도교 철학은 발전했다. 교부 시대부터 중세 전성기까지 정교화된 고전 그리스도교 형이상학은 논리상 복음의 불가피한 결과다"(105).

> 어떤 신학자들은 하느님의 무정념apatheia 교리를 피상적으로 이해하고서는 이를 그리스 형이상학에서 가져온 수입품이라며 거부한다. 하지만 이는 협상할 수 있는 교리가 아니다. 복음의 합리성이 이 교리를 요구한다. (109)

그러므로 2007년 열린 인간의 고난과 하느님의 고난불가능성에 대한 기념비적 컨퍼런스의 기조 강연문이 강조하듯 "하느님의 고난불가능성에 대한 앞으로의 논의는 그리스 형이상학적 관념과 성서적 범주를 지나치게 단순히 대비하는 시각을 반드시 넘어서야 한다."* 하트는 이 컨퍼런스에서 발표한 글에서 "하느님의 초월적이며 고난불가능한 사랑"이 그리스도교 신학의 핵심이라는 점을 재차 강조했다.**

Doctrine of Creation' (1991), *Exegesis and Theology in Early Christianity* (London: Routledge, 2016), 139~151.

* James F. Keating and Thomas Joseph White, 'Introduction: Divine Impassibility in Contemporary Theology', *Divine Impassibility and the Mystery of Human Suffering* (Grand Rapids, MI: Eerdmans, 2009), 1~26.

** David Bentley Hart, 'Impassibility as Transcendence: On the Infinite Innocence of God', *The Hidden and the Manifest*, 167~190.

둘째, 고전 신학의 세 가지 교리에 대한 잘못된 거부는, 하트에 따르면, 치명적인 신학적 오류에 기인한다. 하느님은 피조물과 동일한 존재론적 층위의 인과망에 속한 거대하고 강력한 또 하나의 존재자가 아니다. 하느님은 세계와 만물을 무에서 이끌어낸 존재의 원천이자 근원이요, 그러므로 세계와 질적으로 다른 존재론적 층위에서 세계에 영향을 받지 않고 초월적 층위에서 세계의 존재를 창조하고 지탱하고 완성한다. 여기서 초월의 하느님은 곧 내재의 하느님이다. 창조주와 피조물의 존재론적 차이를 강조하는 고전 신학은 하느님이 세계를 절대적으로 초월하므로absolute transcendence 세계에 철저하게 내재한다는radical immanence 역설적 진리를 내세운다. 이 언어를 이해하는 데 실패한 채로 신학적 사유를 출발하는 순간, 교부들이 발전시킨 고전 신학의 위대한 전통은 해묵고 빛바래 오로지 극복되어야 할 옛이야기로 치부되기 십상이다. '하느님의 초월성과 내재성의 긴장과 균형'이라는 초점으로 현대 신학사를 흥미롭게 읽어낸 책도 있지만*, 위에 말한 고전 신학의 근본적 통찰에 대한 이해는 불행히도 거의 드러나지 않는다. 앞서 언급했듯 로완 윌리엄스, 새라 코클리, 캐스린 태너 등을 비롯한 다수의 저명한 현대 신학자가 현대에서 '인기를 상실하고 유행에 뒤쳐진' 고전 신학의 문법을 회복하고자 노력하고 있으며, 벤틀리 하트는 이 점에서 어

---

* 스탠리 그랜츠, 로저 올슨, 『20세기 신학』(IVP, 1997), 특히 '서론: 초월과 내재 그리고 현대 신학사'를 참조하라.

느 신학자보다 날카롭고 명확하다. 『바다의 문들』은 인도양 쓰나미라는 한 특정 비극적 사건을 계기로 나온 저작이지만, 고전 신학의 회복이라는 기치 아래, 모든 선의 시원이시며 근원이신 창조주 하느님께서 죄와 죽음에 대한 그리스도의 승리를 종말에 완성하고 성취하리라는 확신으로 이 세계의 상수와도 같은 악과 고난의 문제에 '응답'한 저작이다.

IV

여기서 혹자는 과연 이러한 냉철한 사유가 삶의 유한성과 비극성을 껴안고 부대끼며 살아가는 삶의 기술을 낳기에 충분한지 고민할 수 있다. 하트에게 인간의 고난과 고통, 비극과 죽음은 죄로 인해 타락한 세계의 현상으로, 그리스도께서 이미 정복하신, 종말에 완전히 전복될 죄의 세력이다. 그러므로 하트는 인간의 삶에 발생하는 고난과 고통 자체에 어떤 의미를 부여하거나 하느님의 섭리와 의지와 연결하려는 어떤 시도도 철저하게 의심한다. 이런 특징은 신학적 확신을 공유하는 로완 윌리엄스나 새라 코클리의 인간론과 비교할 때 그 차이가 확연히 드러난다.

윌리엄스는 어떻게 인간이 세계와 인생의 비극성을 회피하지 않고 성장과 변혁을 향한 정직하고 진지한 자기 초월의 삶을 추구할 수 있는지를 끊임없이 성찰한다.* 여기서 삶의 비극성은 극

---

* 이 지점에서 윌리엄스가 비극성에 지나치게 천착한 나머지 비극성 자체를 인간 유한성과 동일시하는지에 대한 논쟁이 존재한다. 흥미롭고

복되어야 할 현실이 아니라, 인간이 의미를 획득하고 윤리를 창출하는 보다 긍정적 계기로 작용한다. 새라 코클리의 신학에서도 신인 관계에서 인간의 취약성 혹은 상처입을 가능성vulnerability 그리고 희생이 동반하는 고통은 인간의 욕망이 하느님을 향해 정향되고 정화되기 위한 불가피한 계기다. 여기서 상처와 고통, 희생과 고난은 정복되어야 할 부정적 현상이 아니라, 인간이 그리스도를 본받아 삼위일체 하느님의 삶에 참여하는 과정으로 존재한다.

세계의 비극성, 비극의 희생제의, 고통과 고난 등을 철저히 죄와 타락의 질서에 속한 것으로 이해하는 하트의 신학에는 윌리엄스와 코클리의 인간론과 같은 통찰이 들어설 여지는 매우 좁아 보인다. 고통과 고난은 하느님의 은총이 작용하고 성장과 성숙을 이루는 계기가 될 수 있다는 접근과 달리, 하트는 하느님은 죄, 고난, 죽음을 통해 "피조물의 정신을 고양"(107)하시지 않으며, "죄와 고난과 죽음이 하느님의 참된 본성을 보지 못하도록 우리 눈을 멀게 한다"(108)고 말한다. 하트에 따르면, "고난과 죽음은 그 자체로는 어떠한 의미도, 목적도 갖지 못함을 신약성서는 우리에게 가르쳐준다"(53). 그러므로 "그리스도교 사상은 처음부터 고난, 죽음, 악이 그 자체로 어떤 궁극적 가치 혹은 영적 의미를 가진다는 것을 부정했다"(91). 이와 같은 하트

중요한 점은 이 논쟁에서 윌리엄스의 가장 대표적인 비판자가 바로 벤틀리 하트라는 사실이다.

의 존재론적 확신은 고통과 고난에 신앙의 이름으로 긍정적이고 적극적인 의미를 부여하는 일에는 부정성이며 비존재인 악을 미화하고 신비화하는 위험이 상존함을 상기시킨다.

하트가 궁극적으로 가리키는 곳은 죄와 죽음의 권세를 정복하신 그리스도의 승리와 하느님께서 마침내 모든 이들의 눈물을 닦아 주시는 천상의 종말론적 승리이다. 쓰나미에 어머니를 잃은 어린아이의 하염없는 눈물은 이해되지 않는다. 코로나로 아버지를 잃고 남은 가족 구성원들의 절망도 설명되지 않는다. 신음하는 인간에게 주어지는 것은 정당화와 합리화가 아니라 희망과 약속이다. 이 책을 시작하는 두 개의 성서 구절이 함께 놓이며 가리키듯, 폭풍 속에서 욥에게 나타나신 창조의 하느님(욥기 38장)은 환상 속에서 요한에게 나타나신 종말의 하느님(묵시 21장)이다. 만물을 향한 사랑으로 정화된 영혼은, 하느님의 의지와 주권에 대한 오해와 하느님의 통치와 섭리에 대한 오류를 걷어내고, 급진적 자유와 해방의 희망, 위대한 승리와 성취의 약속을 향해 자기를 개방한다.

바다의 문들

– 상처입은 세계와 하느님의 구원

초판 발행 | 2021년 7월 7일

지은이 | 데이비드 벤틀리 하트
옮긴이 | 차보람

발행처 | 비아
발행인 | 이길호
편집인 | 김경문
편 집 | 민경찬
검 토 | 김준철 · 김형욱 · 손승우 · 황윤하
제 작 | 김진식 · 김진현 · 이난영
재 무 | 이남구
마케팅 | 양지우
디자인 | 민경찬 · 손승우

출판등록 | 2020년 7월 14일 제2020-000187호
주 소 | 서울시 강남구 봉은사로 442 75th Avenue 빌딩 7층
주문전화 | 010-7585-1274
이메일 | innuender@gmail.com

ISBN | 979-11-91239-19-5 03230
한국어판 저작권 ⓒ 2021 ㈜타임교육C&P